国内首部全程操盘实务丛书
通达商业地产的王道圣途

综合物业管理卷

王道

China's
commercial
real estate
solutions

中国商业地产
完全解决方案

王玮　徐永梅◎主编

经济管理出版社
ECONOMY & MANAGEMENT PUBLISHING HOUSE

图书在版编目（CIP）数据

王道：中国商业地产完全解决方案（综合物业管理卷）/王玮，徐永梅主编.—北京：经济管理出版社，2008.5

ISBN 978-7-5096-0192-1

Ⅰ.王... Ⅱ.①王... ②徐... Ⅲ.城市商业—房地产—经济管理 Ⅳ.F293.3

中国版本图书馆 CIP 数据核字（2008）第 027219 号

出版发行：*经济管理出版社*

北京市海淀区北蜂窝 8 号中雅大厦 11 层

电话：(010)51915602　　　　邮编：100038

印刷：北京交通印务实业公司　　　　经销：新华书店

组稿编辑：张　艳	责任编辑：张　艳
技术编辑：蒋　方	责任校对：郭红生

720mm×1000mm/16　　　　17.25 印张　　　310 千字

2008 年 7 月第 1 版　　　　2008 年 7 月第 1 次印刷

定价：五卷共 680.00 元

书号：ISBN 978-7-5096-0192-1/F·188

编辑委员会

主　　编：王　玮　徐永梅
副 主 编：王　琦　方朝晖　任剑锋　程升普
　　　　　谢黔华　万玉婵　吴明彬　莽　芒
执 行 主 编：谢　黎
编辑委员会：谢长风　卢晓瞳　熊会才
　　　　　李振庆　李　青　邹　飞
特 别 顾 问：孟晓苏　庄　凌
策 划 机 构：北京恒基英华地产传媒机构

特别感谢以下单位支持：

福建嘉龙集团
贵州六盘水嘉年华房地产开发有限公司
贵州六盘水华飞房地产开发有限公司
贵州六盘水金都房地产开发有限公司
福建闽武规划设计有限公司
澳大利亚（中国）博能规划设计顾问有限公司
贵定金都房地产开发有限公司
贵州赫章嘉龙房地产开发有限公司
天津《新时代地产》杂志社
《领袖地产》杂志社

序一：超越门户之见，共享成功经验

王 玮

星巴克创始人霍华德·舒尔茨是美籍犹太人，他在 20 多年前访问以色列，教堂神父给他讲了"二战"期间发生的一桩往事。一个冬天，德国纳粹将犹太人驱赶在一起，用火车运往欧洲某地的集中营，火车必须经过漫长一夜才能到达目的地，欧洲冬季的深夜是那样的寒冷，而每 6 个人中只有一人能得到一条毯子御寒。但没有人争吵，没有人抢夺，因为，幸运分到毯子的那个人总会平静地将毯子铺开，和周围其他五人分享，分享这难得的温暖。

这个故事给霍华德·舒尔茨很大的震撼和启发，后来，他将这种理念引进自己的企业，他不仅为公司的临时职工提供福利，还创立了美国企业历史上第一个"期股"形式，即让公司所有员工都获得公司的股权。此举开始时受到公司高层很多人反对，而且推行之初公司经营呈现亏损，但是，他坚持和员工分享公司利益的政策，他相信通过利益共享，与员工形成互相信任的密切的伙伴关系，并将这种信任和真诚传递给顾客，股东的长期利益才会增加，这么做的效果比单纯广告宣传对公司作用要大得多。事实证明他是正确的。公司很快扭亏为盈，更被誉为全球最受尊敬的公司，股票市值在十多年间上升了 100 倍，市值达到 300 亿美元。

看到这个故事后我也受到很大的震动。"学会与人分享"，我们都或多或少地受过这种教育，但践行起来却是少之又少。这不仅源于个人智慧问题，也许更关乎个人理想与道德，非不知也，是不为也。

中国地产业在饱受争议中前行，企业责任感的问题一度成为社会热议的话题。我想，如果把这个问题简单化，亦可以归结到"与人分享"的问题上来。开发企业成功了，应该学会与全社会共享成功，回报社会。中国许多优秀地产企业家就为我们作出了榜样。事实上，国外有专家对慈善现象进行过深入研究，研究的结论是：捐赠越多的企业反而会发展得越好。这使我们对慈善和捐赠又有了新的认识。正如中国传统价值观里面说的，"舍得舍得"，有"舍"才会"得"，"舍"和"得"其实是辩证统一的。

　　说到项目开发和企业管理方面，任何一个成熟的开发企业都会积累一套比较成熟的经验做法。但这些东西往往会被大家作为核心竞争力或者核心资源等给封存起来，视为公司竞争利器而不肯轻易示人。但我想，现在已经不是靠一本秘籍打拼天下的时代了，再说闭门造车的秘籍也总会有某些缺陷。因此，我们组织了一批专业商业地产人士把商业地产的一些实战操作进行总结完善，集结成册予以出版，希望借此与广大业内同仁分享，并在交流中也给我们以启迪。丛书如能对大家有所裨益，亦善莫大焉！

序二：成功 = 99%的标化 + 1%的创新

谢 黎

企业管理专家常说，世界上有两种智慧，一种是把简单的事情变复杂，一种是把复杂的事情变简单。

地产开发纷繁复杂，头绪众多，住宅开发是如此，商业地产开发更是如此。如何使复杂的地产开发简单化和标准化是所有开发企业的共同课题。如果细究起来，目前地产行业的标准化正在朝着几个方向发展：

一是产品类型标准化：现在许多优秀开发企业都在进行全国战略布局，开发项目众多，产品标准化后的异地复制成为大公司加快开发速度、降低风险和减少成本的必由之路。如知名的地产连锁品牌中体产业奥林匹克花园就在体育文化社区标准化方面进行了许多有益和有效的探索，所以能在全国快速开展奥林匹克花园的连锁开发。

二是产品构建的标准化：主要是学习日本欧美等国家先进技术，使住宅能像一般流水线产品一样进行批量生产，然后进行组装，真正实现"住宅产业化"。

三是实现管理标准化：即实现地产开发与经营的各个环节操作的手册化、作业指导化，这样就会有效提高工作效率，同时能对工作目标进行有效控制。

当然，我们必须承认，事物总是发展变化的，每一个地产项目受地缘环境的诸多影响，必定有许多独一无二的地方。因此，任何的标准化都无法穷尽各种变化。古人云"吾生也有涯，而知也无涯"，但人们仍然会"以有涯随无涯"，"发奋识遍天下字，立志读尽人间书"。地产完全标准化几乎是一个无法实现的任务，但仍然是所有开发商的终极目标。

既然无法实现完全标准化，地产创新就仍是一个永恒的主题。但事实上，地产发展日益成熟的今天，创新殊非易事。没有相当智慧和相当实力，奢谈创新无异于清谈天下、于事无补。因此，相形之下，标准化仍是我们现实的首要目标。

　　和住宅开发相比，商业开发更复杂，更像一场马拉松比赛。成功的招销只是项目成功的第一步，招销结束后的经营与管理才是项目永续发展的关键。因此，我们编辑这套丛书，希望对商业地产开发的全程操作流程标准化进行一些探索，并特别对商业经营管理和物业管理予以关注，希望为商业地产找到真正的成功之匙。非常之人方能成就非常之事，成功之道注定艰辛，愿与所有地产开发商共勉！

目 录

机电、楼宇工程管理篇

综合物业管理规章制度篇

一 餐饮服务规范与服务人员卫生要求

1 餐饮服务规范。

1.1 在餐厅中不准提高嗓音，不准用手触摸头脸或将手置于口袋中。

1.2 不准斜触靠墙或服务台，在服务中不准背对客人，不准跑步或行动迟缓，不准突然转身或停顿。

1.3 要预先了解客人的需要，除非客人有需求，避免聆听客人闲聊，在不影响服务的状况下才能与客人聊天、联络感情，争取客源。

1.4 确保服务处所的清洁，避免在客人面前做清洁工作；勿将制服当抹布，经常保持制服的整洁；勿置任何东西在干净的桌布上，以避免造成污损；溢泼出来的食物、饮料应马上清理；不可用手接触任何食物；餐厅中有餐具，需要用盘子盛装拿走，盘上需加餐巾；避免餐具碰撞发出声响。

1.5 不准堆积过多的盘碟在服务台上，不准空手离开餐厅到厨房，注意不准拿超负荷的盘碟数。

1.6 当食客进入餐厅时，以亲切的微笑迎接客人，根据年龄及阶层先服务女士，但主人或女主人留在最后才服务。

1.7 在服务时尽量避免与客人谈话，如果不得不如此，则将脸转移，避免正对食物；除非是不可避免，否则不可碰触客人。

1.8 在最后一位客人用完餐之后，不要马上清理杯盘，除非是客人要求才处理；不可让客人有你对别的客人的服务比对他的好这种印象；客人走后才可清理服务台或桌子。

1.9 所有掉在地上的餐具均需更换，但需先送上清洁的餐具，然后再拿走弄脏的餐具。

1.10 一般除了面包、奶油、沙拉酱和一些特殊的菜式，所有的食物、饮料均需由右边上；勿将叉子叉在食物上。

1.11 客人要入座时，一定要上前协助拉开椅子；用过的烟灰缸一定要换掉；在餐厅中避免与同事说笑打闹。

1.12 在上菜服务时，先将菜式呈上给客人过目，然后询问客人要何种配菜；确定每道菜需要用的调味酱及佐料没有弄错；需要用手拿的食物，必须马上送上洗手水。

1.13 保持良好仪容及机敏；有礼貌地接待客人，如果可能的话直呼客人的姓氏；尽量记住常客的习惯与喜好的菜式。

1.14 仔细研究并熟悉菜单；口袋中随时携带开罐器及原子笔等；清除所有不必要的餐具，但如有需要则需补齐；确定所有的玻璃器皿与陶瓷器皿没有缺口。

1.15 将配菜的调味料备妥；倒满酒杯（红酒半满，白酒满）；充分供应面包与奶油；询问客人是否满意；在未经客人同意之前，不可送上账单。

1.16 不可在工作区域内抽烟；不得吃喝东西；不得照镜子，或梳头发，或化妆。

1.17 在工作场所中不得有不雅举动；不得双手交叉抱胸或搔痒；不得在客人面前打呵欠；忍不住打喷嚏或咳嗽时要使用手帕或面纸，并事后马上洗手；不得在客人面前算小费或看手表。

1.18 客人有时想从你那儿学习餐饮知识，但并不希望被你纠正；不得与客人争吵，或批评客人，或强迫推销；对待儿童必须有耐心；不得抱怨或不理睬他们；如果儿童影响到别桌的客人，通知主管让他去请儿童的父母加以劝导。

2 餐饮工作人员的卫生要求。

2.1 新进人员健康检查要分为两大类：招聘时的体检和定期检查。

2.2 服务员应讲究个人清洁卫生，养成良好的卫生习惯。

2.3 在服务工作中不要用手接触、抓取食物；不得用手直接接触客人入口的餐具部位，注意卫生。

2.4 器皿、器具如曾掉落地上，应先清洁后再使用，公共场合不准吸烟、饮食，非必要时不可交谈。

2.5 定期举办员工卫生培训会，做好卫生教育工作。

二 业户接待与服务管理工作标准

1 业户、顾客接待。

1.1 商场物业管理的业户、顾客接待，包括来访接待、来电接待、报修接待、走访接待。

1.2 咨询或表扬接待：顾客有些问题在商场服务台没得到满意的回答或为感谢某营业员到管理公司反映，接待员须热情耐心地对咨询问题做解答，不熟悉的事情立即电话了解，对表扬好人好事要感谢顾客对商场的支持，并做好记录，作为表彰依据并择时在商场内部壁报上张榜公布。

1.3　纠纷、投诉接待：顾客在商场购物因环境因素而来投诉，对物业管理方来说，所有投诉、处理结果都要有记录，作为年终表彰与履行"管理公约"业绩考核依据之一。

1.4　报修接待：商场铺位的照明或其他设施出问题，对业户营业将造成很大的影响。业户报修，接待员应迅速做记录，并填写《维修任务单》，及时通知维修工到现场抢修。

1.5　走访回访：接待员的走访回访内容包括三个方面：

1.5.1　听取业户和商场方对物业管理服务的意见、建议。

1.5.2　对报修后的维修结果进行回访。

1.5.3　对业户的礼仪、形象、环境、广告、装潢等方面的不足之处做出提示，督促改进；同时，接待员要"晓之以理，动之以情"，用实际行动去感化业户。

2　商场内外联系。

2.1　商场的内外联系是物业管理方处理公共关系的重要环节。

2.2　商场内部联系：商场的内部联系包括向业户收取租金、管理费、水电能耗费、铺位的报修抢修费等，向商场方收取物业管理费、能耗费。

2.3　商场的外部联系：商场与街道、居委会、公安、消防、劳动、环保、供水、供电、煤气、电信及媒体都有业务上的联系。如处理不好这些关系，会使商场的经营活动很被动，反之，则能收到事半功倍的效果，所以一定要把这方面的工作做好。

三　商场广告、招牌、宣传管理工作标准

1　商场区域内广告、招牌的摆放或悬挂以及宣传品的张贴统一由商场物业管理公司监督管理，任何单位和个人不得私自摆放或悬挂，否则将一律予以撤除。

2　物业管理公司负责商场周边区域内广告策划和制作，商场内各业主/住户可以委托制作，统一布置、摆放或悬挂。

3　属国家或省、市统一规定的招牌、宣传品，由商场物业管理公司负责悬挂或张贴。

4　中华人民共和国国旗悬挂应规范，司旗、店旗经批准方可悬挂，商场

物业管理公司具体负责日常管理。

5　重大节日和重要庆典活动时，各类宣传品的悬挂和张贴统一由商场物业管理公司负责。

6　商场区域内发布的所有广告（含霓虹灯广告）、招牌及宣传品，思想内容要健康。

7　保护专利者、著作者、肖像人的合法权益，未经权利人同意绝不允许发布此类广告、招牌和宣传品。

8　各类标志、徽标及产品广告，要严格按照《中华人民共和国广告法》、《国际专利公约》和《国家专利法》的有关规定制作，绝不允许有违法行为。

9　对于过期、腐烂、模糊不清、歪挂的广告、招牌和宣传品，要及时清理、纠正或更换。

10　商场区域内的广告、招牌和宣传品的摆放、悬挂张贴，应避免参差不齐、大小不一，应使之与商场总体结构相协调，与商场总体形象相匹配。

11　发布的广告、招牌，应定期清洗，及时维修，使其保持完好状态。

12　客户因合同到期或其他原因搬出商场，必须将广告、招牌及宣传品全部拆除，并清理干净。

四　广告位使用管理规定

1　为规范户外广告，促进户外广告健康发展，根据《中华人民共和国广告法》、《广告管理条例》及《广告管理条例施行细则》，制定本规定。

2　本规定所称户外广告包括：

2.1　利用公共或者自有场地的建筑物、空间设置的路牌、霓虹灯、电子显示牌（屏）、灯箱、橱窗等广告。

2.2　以其他形式在户外设置、悬挂、张贴的广告。

3　申请户外广告登记，应当具备下列基本条件：

3.1　依法取得与申请事项相符的经营资格。

3.2　广告发布地点、形式在国家许可的范围内，符合当地人民政府户外广告设置规划的要求。

3.3　户外广告媒体一般不得发布各类非广告信息，有特殊需要的，应当符合国家有关规定。

4　凡办理户外广告登记，应当向××广场管理者提出申请，填写《户外广告登记申请表》，并提交下列证明文件：

4.1 营业执照。

4.2 平面效果图。

4.3 广告设置地点，依法律、法规需经政府有关部门批准的，还应当提交有关部门出具的批准文件。

4.4 政府有关部门对发布非广告信息的批准文件。

5 经审查符合规定的，商城签订场地使用协议，并且建立户外广告登记档案。

6 户外广告必须按登记的地点、形式、规格、时间等内容发布，不得擅自更改。

7 已经批准，但需要延长时间或者变更其他登记事项的，应当申请办理变更登记。文件和证明齐备后，××广场管理者应当在七日内做出准予变更登记或者不予变更登记的决定，并书面通知申请人。

8 户外广告的内容必须真实、合法，符合社会主义精神文明建设的要求，不得以任何形式欺骗和误导消费者。

9 各种户外广告设施的设计、制作和安装、设置，应当符合相应的技术、质量标准，不得粗制滥造。

10 户外广告应当定期维修、保养，做到整齐、安全、美观。

11 户外广告使用文字、汉语拼音、计量单位等，应当符合国家规定，书写规范准确。

12 在户外广告经营中，禁止任何形式的垄断和不正当竞争行为。

五 商场物业接管验收方案

1 新建商业楼宇的接管与验收。

新建商业楼宇的接管验收重点在于楼宇的隐蔽工程的验收和设施设备的验收。验收顺序及内容如下：

1.1 楼宇竣工后，由建设单位或业主户书面提请物业接管单位先就产权资料、工程技术资料及楼宇竣工验收时有关工程设计、施工和设备质量等方面的评价报告进行审核，对具备条件的，应在规定的时间内签发验收通知，并约定验收时间。

1.2 验收的具体内容：

1.2.1 主体结构。

地基沉降不得超过国家规定的可允许变形值范围，不得引起墙体和上部结构开裂或其他结构的损坏。

1.2.2 内外墙和楼层面。

外墙无论是采用贴面，还是使用玻璃面黏合，或是使用其他材料做成的墙面或墙体，不得有空鼓、裂缝和脱落。地面应平整，没有裂缝、起砂、脱皮等现象。

1.2.3 设施与设备。

1.2.3.1 供电系统的设计负荷载量，设备的运转情况，安全因素，设备如空调、电梯的线路和照明线路、弱电设备线路等应分开，并有明显的标志。

1.2.3.2 给排水管道，中央空调的管道的实际走向与设计图纸应相符。

1.2.3.3 管道排水应流畅，接口不渗漏，空调接口处无滴水。

1.2.3.4 消防设施须符合国家有关标准，并有消防部门的检验合格证。

1.2.3.5 空调、电梯、自动扶梯等各种设备应运转正常等。

1.2.4 其他工程的验收。

商业楼宇如造有喷水池等，应检验其性能是否正常，有绿地的应检查绿化的程序及其施工质量。

2 商业楼宇的接管与验收。

2.1 成立专家评估小组，对楼宇的完损，设施、设备的损耗等多方面进行综合评估，作为物业管理公司在物业接管、验收之前和接管、验收中的重要参考依据。

2.2 提供尽可能全的楼宇设施、建造、竣工验收、楼宇修缮等有关资料，以求对楼宇竣工时的状态和现状有全面了解。

2.3 测算出将来的楼宇维修基金，设施设备更新资金，商业环境的改造资金，管理中的可能收支情况及可能的利润额。

2.4 验收内容重点应包括：

地基的沉降值是否在允许的范围内；主体结构是否变形；墙体及楼层面是否有裂缝，如有，开缝程度如何；设施和设备的完损程度，是否在使用期限内；业户的装修是否损及楼宇的结构等。

二次装修管理手册篇

一　商铺室内装饰装修管理服务协议

第一条：本协议当事人

管理单位（以下简称甲方）：＿＿＿＿＿＿＿＿＿商业管理有限公司

商户或商户委托人（以下简称乙方）：＿＿＿＿＿＿＿＿＿＿＿＿

为保障本商城全体商户的合法权益，保障商城的正常生活秩序，减少装修管理纠纷，根据有关法律、法规，在自愿、平等、协商一致的基础上，甲、乙双方就商铺室内装饰装修管理服务达成如下协议。

乙方商铺情况

坐落位置：（商城）＿＿＿＿层＿＿＿＿号商铺

第二条：双方的权利和义务

甲方的权利和义务

1. 根据有关的法律、法规和政策，结合商城的实际情况，制定《商铺装修管理规定》。

2. 对商城的装修活动进行管理，有权制止违章、违规行为，并视情节轻重进行处理。

3. 依据本协议向乙方收取装修押金（包括乙方聘请的施工队押金）、装修管理服务费和代收代缴的税费。

4. 建立健全商城的装饰装修管理资料。

5. 向乙方提供装修咨询、审批以及相关的管理和验收等服务。

6. 不得向乙方指派装饰装修企业和强行推销装饰装修材料。

乙方的权利和义务

1. 监督甲方的装修管理行为，就装修管理的有关问题向甲方提出意见和建议，如果发现甲方工作人员有强行推销装修材料或其他违规行为，乙方有权对甲方或商城管理行政主管部门投诉及申诉。

2. 遵守《商铺装修管理规定》，接受甲方对违章装修的处理。

3. 依据本协议向甲方交纳装修押金、装修管理服务费和代缴的税费。

4. 对所聘请的施工单位及其施工人员的行为负连带责任。

5. 对装修过程中的安全和消防负全部责任。

第三条：费用缴纳（单位均为人民币）

1. 乙方及其聘请的施工单位各向甲方缴纳装修保证金 1000 元（验收合格

后 10 日内退还）。

2. 装修管理服务费 200 元/户。

3. 施工人员的"临时出入证"及表格资料工本费 5 元/证·人，"临时出入证"的押金 100 元/人。

4. 装修税费：按照税务部门的规定执行。

5. 委托清运装修垃圾费 100 元/户（装修人自行清运则不需交纳此项费用）。

第四条：违约责任

1. 甲方违反协议，擅自提高收费和不按相关规定乱收费，乙方有权要求甲方退回多收、乱收的费用及利息。

2. 乙方违反协议，甲方有权按照《商铺装修管理规定》中的相应条款进行处理，追究违约责任。

第五条：在本协议执行期间，如遇不可抗力因素，致使协议无法履行，双方按有关法律、法规处理。

第六条：本协议内空格部分填写的文字与印刷文字具有同等效力。

第七条：本协议中未规定的事宜，均遵照国家的有关法律、法规和规章执行。

第八条：本协议在履行中发生争议，双方协商解决或向商城管理行政主管部门申请调解；协商或调解无效的，可向商城所在地的仲裁委员会申请仲裁或向人民法院起诉。

第九条：《商铺装修管理规定》作为本协议的附件，具有同等法律效力。

第十条：本协议一式二份，甲乙双方各执一份，自签订之日起生效。

附件：《商铺装修管理规定》

甲方盖章：　　　　　　　　　　乙方盖章：

代表人：　　　　　　　　　　　代表人：

　　　　　　　　　　　　　　　签字日期：

二 商铺装修管理规定

根据国家建设部关于异产毗连关系的有关规定，恳请商城的商户明白您的产权（或租用）内容不是一个独立的整体，而是由内部面积、空间、公共面积、财产份额和毗连关系所构成。所以，将对您的商铺或办公用房的二次装修进行严格管理，同时为确保您的根本利益，特制定本规定。

1 装修范围、管理权限。

××商业管理公司（以下简称管理公司）负责商城购租铺面及相关建筑的二次装修管理；管理公司市场办负责成立和领导装修审批监管小组（成员有：综合维修工、电工、空调工、水工、消防员、治安员等），审批监管小组负责二次装修的具体监管和服务。

2 装修队的选择。

2.1 为配合管理公司对装修的管理，商户装修应尽量选择正规的、有资质的施工队伍；选几家实力较强、信誉较好的施工队伍，经市场办培训对本商城房屋结构进行了解并在其承诺本办法和其他装修规定后，在市场办监督管理下提供装修服务。

2.2 商户有自主选择施工队和自聘有建筑装修资格施工队的自由，但必须经市场办审查资格后按《商城装修施工队管理办法》实施。

3 装修申请。

商户在规定范围内要进行室内装修、维修和改造，事先必须向市场办提出申请（代办人必须持业主或租户委托书），并领取《装修申请审批表》一式一份。

4 装修流程。

4.1 商户必须如实填报《装修申请审批表》各款内容并于确定的装修日期前7天携带装修设计图纸和消防部门（涉及消防规定的应先向消防管理部门办理报批手续）装修审批材料批文，递报市场办，同时交纳装修管理押金（每平方米××元），需要进行施工技术审定的，每项工程按××元/××平方米记收，市场办将在收到审批表后三个工作日内给予批复。

4.2 商户收到批复后，应带领选定的装修队伍负责人到市场办，按规定办理施工队有关进场手续方可进场装修施工（详见《装修施工队管理办法》）。

5 施工。

5.1 所有施工必须按照市场办审批的方案进行，不得有任何更改。如实际情况需要更改，必须再报市场办审批，出具更改通知后方可施工。

5.2 施工期间，商户进行现场监理并保证装修施工队严格遵守有关规定，按规作业，文明施工；逾期完工要办理逾期手续并交纳逾期金每天 50 元，不办理延期手续的，市场办有权责令其停工，对于施工队的违章装修除按《违章装修项目及处罚办法》规定进行处理外，对商户处以相当于施工队罚款额 30% 的违约金。

5.3 装修期限：中小工程为 15 天，较大工程为 20 天，最长不超过 30 天，如确实需要延期，要到市场办办理延期手续。

5.4 开业前施工时间：每天施工时间为 8:00~24:00，经特批后夜晚也可施工。

开业后施工时间：每天施工时间为 19:00~次日 07:00。

5.5 装修施工用电不得超过市场办核定的装表容量，严禁擅自乱接乱拉电源线；超容量用电，在与市场办协商并在市场办监督下，按指定位置接临时电源线，否则造成的一切后果由商户负责。

5.6 商城五楼以上（含五楼）分体空调机应按综合物业管理部统一规划的位置安装；四楼以下（含四楼）不得安装分体空调，同时不得破坏楼宇结构，穿坏墙体，影响外立面形象。

5.7 施工过程中要注意垃圾的装清运，每天垃圾应按指定地方放置并当天清运；楼梯、过道、天台、道路及其他公共地方不得作为加工、堆放材料和垃圾的地方；不得损坏公用设备、设施，保持公用地面、墙面完好和整洁。

5.8 不得改动或损坏房屋的柱、梁、板、剪力墙、上下管道、供电、通讯线路、房屋防水、隔热层等。

5.9 装修期间应确保人员财产安全，防止发生火灾等各种事故，严禁使用电炉等易引起火灾的用具、明火、电热器件，电焊、气割作业应提前一天到管理公司申请，经批准后方可作业；凡违章作业引起的一切人身伤害和财产损失均自行承担。

5.10 有关法律、法规规定的其他注意事项。

6 验收。

6.1 装修工程完毕后，商户和施工队负责人共同向市场办申请竣工验收，市场办将派人进行查验。

6.2 竣工验收合格后，由市场办各专业验收人员在《装修申请审批表》上验收栏内签名。验收不合格的，限期改正，再行复验，直至合格；经 3 次验收不合格者，市场办可另行指定施工单位进行施工，所产生的费用由商户承担。

6.3 装修验收合格并使用一个月后，市场办复检确定工程无明显质量问题，将押金退回商户和施工队。

三 装修审批流程

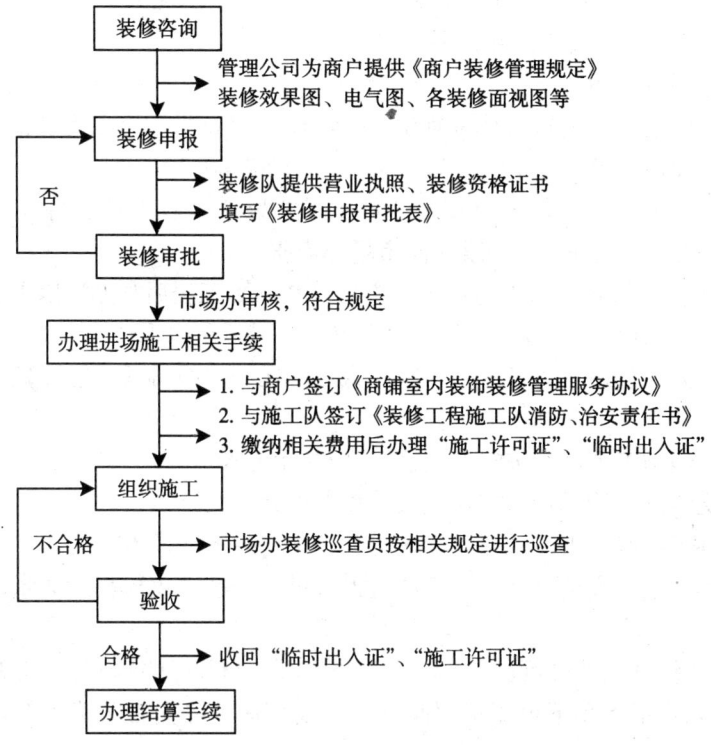

```
装修咨询
    │
    │──→ 管理公司为商户提供《商户装修管理规定》
    │    装修效果图、电气图、各装修面视图等
    ▼
装修申报 ←──────┐
    │           │
    │──→ 装修队提供营业执照、装修资格证书
    │    填写《装修申报审批表》
    ▼           │
装修审批    否  │
    │           │
    │──→ 市场办审核，符合规定
    ▼
办理进场施工相关手续
    │
    │──→ 1. 与商户签订《商铺室内装饰装修管理服务协议》
    │    2. 与施工队签订《装修工程施工队消防、治安责任书》
    │    3. 缴纳相关费用后办理"施工许可证"、"临时出入证"
    ▼
组织施工 ←──────┐
    │           │
    │──→ 市场办装修巡查员按相关规定进行巡查
    ▼    不合格 │
验收            │
    │
    │──→ 合格 收回"临时出入证"、"施工许可证"
    ▼
办理结算手续
```

四 装修施工队管理办法

为确保商场商户的根本利益及商场内外部形象，并使其内部结构不受破坏，同时也为商户申报装修时对施工队进行有序管理，根据《装修管理规定》内容，特制定本办法。

1 施工队进入本商场施工，要接受资质检查并提供：

1.1 室内装修企业营业执照。

1.2 建设局发执业许可证。

1.3 装修企业资质等级证书。

1.4 1:50装修平面图。

1.5 同时接受市场办对其进行的商场装修基本要求、行为规范、注意事项和违规处罚等方面的培训和管理。

2 商场内装修队实行凭"装修施工许可证"进场和施工人员凭"出入证"进出制度，各施工队还必须加强内部管理，不得使用三无人员，政府要求需持证上岗的技术工种工人要证件齐全。

3 装修施工时间。

3.1 开业前，每天施工时间为8:00~24:00（经特批后可在夜晚施工）。

3.2 开业后，每天施工时间为19:00~次日07:00。

3.3 超时施工，市场办有权责令停工、扣留或没收工具、将人员清理出场；如需延长施工工期，必须事先向市场办申报。

4 施工队在取得进入本商场施工资格并在领到工程后需办理以下手续：

4.1 装修保证金2000元；经验收合格，一月后予以退还。

4.2 室内商铺每户垃圾统一清运费为100元；门面房每户垃圾统一清运费为200元。

4.3 交纳施工押金，按施工人数乘以50元记收。

4.4 交纳施工管理费，按施工人员每人每天5元记收。

4.5 办理装修施工许可证等资料费，每份交纳工本费10元。

4.6 办理施工人员出入证，每位施工人员需交一寸免冠相片2张，办理一个交纳工本费5元。

5 在"装修施工许可证"指定的现场作业，不得乱穿场地，违者每人每次罚款50元；不得私下再接工程而不办手续，违者除交有关费用外，每队每次罚款500元。

6 施工过程中要注意垃圾装袋清运，施工中产生的建筑垃圾由商户责成施工人员负责用纤维袋统一装袋，集中堆放于指定地点，严禁随意堆、洒、漏、泄。楼梯、过道、天台、道路及其他公共地方不得作为加工、堆放材料和垃圾的地方，不得损坏共用设备、设施，保持共用地面、墙壁完好和整洁。

7 装修施工人员进入商场内必须佩戴胸牌，不得在公共场合中有穿拖鞋、赤膊、吸烟等行为。严禁施工人员在商场内赌博、酗酒。

8 装修施工中如需使用高耗能机具，须提前向市场办申报，并在市场办人员指导、监督下操作，不准私接电源，不得明火作业。

9　因装修违反供电、通讯、交通等有关部门规定或受罚者，由商户承担一切法律和经济责任。

10　违章处理方式：

10.1　规劝教育。

10.2　责令停工。

10.3　责令恢复原状。

10.4　责令赔偿经济损失（从装修保证金中扣除）。

10.5　将施工队伍清理出商场。

10.6　没收全部保证金。

10.7　提请有关行政执法部门或司法机关处理。

10.8　以上几种违章处理方式可同时并处。

11　施工队必须按《装修管理规定》之附件二——《违章装修项目及处罚办法》、《消防管理规定》执行。

12　施工完毕后，施工队和商户共同向市场办申请验收时，交回进场"装修施工许可证"和"出入证"，如丢失"装修施工许可证"，罚款300元；丢失"出入证"，每证罚款50元。

13　每项工程验收后，经一个月再复验，确定无质量问题和其他违章现象时，可退回施工押金。

五　违章装修项目及处罚办法

1　商户装修动工前未办理申报审批手续的，除应补办申报手续外，罚违约金500元。

2　施工队进场前未办理登记、审查手续的，除应补办手续外，罚违约金1000元。

3　实际装修内容与装修申报内容不符的，除应根据实际情况纠正外，每项罚违约金100~500元。

4　拆改房屋铺面结构未经市场办审批的，除应恢复原状外，罚违约金300~10000元。

5　擅自拆改和部分破坏原房屋铺面墙、柱、梁、楼板的，除应恢复原状及加强承重外，罚违约金5000~30000元。

6　擅自改动电器线路负荷、改变走向或上、下水管道的，除应根据实际情况纠正外，并处罚违约金 100~10000 元。

7　施工中违反安全用电、用水规定的，除应纠正及赔偿外，每项罚款 100~300 元。

8　凿穿楼面、地面防水层的，除应做加固补漏处理外，罚款 500~1000 元。

9　改变门窗、型号、规格的，除应恢复原状外，每项罚款 300 元。

10　改变外墙装饰的，除应恢复原状外，罚款 500 元。

11　楼、地面、墙增设超过 10 毫米的地砖、花岗岩以及其他超重材料的，除应采取纠正措施外，罚款 300 元；任何在外墙和玻璃上打孔的，除应恢复原状外，罚款 10000 元。

12　未经批准封闭、占用公共走道、消防通道、天台、屋面及通道、梯、厅间墙壁的，除应要求清除外，罚款 1000~3000 元。

13　擅自安装进户卷帘门、防盗门影响商城整体形象的，除要求撤除并恢复原状外，罚款 200 元。

14　擅自撤除地漏网盖和向地漏倾倒渣物的，除清理通畅、修复损坏外，罚款 300~500 元。

15　装修场地不遮围、环境不整洁、乱堆乱放装修材料、装修垃圾的，罚款 100~300 元并及时清理。

16　造成上、下水渗漏和阻塞的，除清理和疏通外，罚款 200~300 元。

17　动火作业未办理手续的，罚款 200~300 元。

18　施工现场使用（未经过特批与防护）电炉、煤气以及吸烟的，罚款 200~300 元。

19　动用消防水的，罚款 200~300 元。

20　使用可燃或有毒及刺激性气雾材料，未放警戒牌和向公共走道排放的，罚款 200~300 元。

21　使用超量或少量可燃材料未做阻燃处理的，要强制拆除并按有关消防规定处理。

22　上述各款未尽事项，违背政府及有关部门规定的，对违反者，市场办将扣除保证金，同时按管理规定进行处罚。

六 授权委托书

本人系商场_____层_____号房的商户，姓名：_____，身份证/护照号：_____，现委托_____先生/小姐，身份证/护照/号：_____，代理本人到_____市场办办理_____及相关手续，委托期限为_____年_____月_____日至_____年_____月_____日。

委托人签名：　　　　　　　代理人签名：

　　　　　　　　　　　　　　日期：

七 装修许可证

经装修监管小组审核，同意_____对_____层_____号商铺进行装修，装修期限为_____年_____月_____日至_____年_____月_____日，详细内容见《装修申请审批表》_____号。

装修监管小组：

　　　　　　　　　　　　　　　　　　年　月　日

装修须知

　　1. 严格按照装修申报时经装修监管小组审批同意的装修方案、内容组织施工。

　　2. 装修期限为自开工之日起____天内完成，施工作业时间为：每日 08:00~24:00。

　　3. 商铺室内装饰装修活动，不得侵占公共空间、占用公共通道、损害公共部位和设施，影响毗邻用户。

　　4. 商铺室内装饰装修活动，禁止下列行为：A. 擅自变动建筑主体和承重结构；B. 在承重墙上剔槽、钻孔、扩大原有的门窗尺寸，拆除砖、混凝土墙体；C. 损坏房屋原有的节能设施，降低节能效果；D. 改变建筑配套设施的使用功能；E. 其他影响建筑结构和使用安全的行为；F. 搭建建筑物、构筑物；G. 改变商铺外立面。

　　5. 装修材料应符合消防、环保及承重方面的要求。

6. 装修材料、垃圾的堆放、搬运、处置，必须遵守装修监管小组的相关规定。

7. 不得擅自改动智能化线路，确需改动须到装修监管小组申报，委托专业人员施工。

8. 禁止在公共场所加工作业，装修时应对现场做遮挡封围，以免噪声及装修灰尘飞扬。

9. 为保证商铺整体美观，安装的广告、标志等须按装修监管小组指定样式制作，违章者强制拆除。

10. 允许对房屋内墙面、天棚进行表面装修，但不得超过原设计荷载标准，增加楼面荷载，如在室内砌墙、超负荷吊顶、安装大型灯具、铺设厚度超过 10 毫米的石材、大量使用红砖等；不得任意刨凿顶板、埋设管线和不经穿管直接埋设电线或改线。

11. 施工人员进出商城应佩戴"临时出入证"，服从装修监管小组工作人员的检查，不得留宿；不准擅自进入非工作区域和散发广告单，不得在商城内进行赌博、斗殴、吸毒、贩毒、色情等违法乱纪活动。

12. 装修施工，应遵守施工安全操作规程，按照规定采取必要的安全防护和消防措施，不得擅自动用明火和进行焊接作业，不得在现场做饭。

13. 每户必须至少配备 2 个二氧化碳或干粉灭火器，且须放置在显眼易拿的位置；也可到装修监管小组租用灭火器；施工现场禁止抽烟，可燃、易燃物品的使用、存放必须符合消防要求和听从装修监管小组安排。

14. 所有污染材料及装修垃圾必须袋装化进行运输及存放到指定地点。

15. 装修人应对其装修质量、安全和消防负全部责任。

16. 对装修期间的违章行为，装修监管小组有权按照以下办法进行处理：

A. 责令停工；B. 责令恢复原状；C. 扣留或没收工具；D. 停水、停电；E. 罚违约金、赔偿经济损失（从装修押金中扣除，若造成的损失超过押金的，还应给予赔偿）；F. 没收违章施工人员工牌，扣除其工牌押金，并请出商城。

八 装修违章整改通知书

编号：

_____商铺装修队负责人：

经检查，你户在装修过程中，存在以下违章内容：_____

_____

_____

_____

_____。

请在____日内完成整改，否则装修审批监管小组将按照《商铺装修管理服务协议》采取以下措施：1. 责令停工 （ ）；2. 没收工具 （ ）；3. 停水、停电 （ ）；4. 没收违章施工人员工牌并请出商城 （ ）；5. _____ （ ）

签收人：_____   _____装修审批监管小组

年　月　日   年　月　日

九 装修工程施工队消防、治安责任书

在××国际广场承接_____工程的施工单位，施工负责人应承担现场施工安全责任，负责督促所属施工人员严格按照操作规程进行施工操作和严格遵守××市有关消防、社会治安管理规定及办法，确保安全施工。如因安全监督不到位，导致所属施工人员引发火灾等人身伤亡、财产损失、社会治安等民事刑事责任，施工负责人应当承担全部责任。

施工负责人：

年　月　日

十　商户装修审批表

商户名称			楼层		
商铺号			商品类别		
施工工期	起		主要装饰材料		
	止		安全防范措施		
施工人员			区域外围隔离方式		
评审资料	（　）商铺平面设计图 （　）电路图及电器设备的技术参照 （　）商铺形象照 （　）道具材料及说明 （　）主体装修效果图 注：在（　）上注"√"表示有			备　注	
各部审批	装修审批	招商部		验收审批	招商部	
		工程部			工程部	
		保卫部			保卫部	
		营运部			营运部	
	财务部					

分管副总审批：

总经理审批：

注：1. 本商户的负责人负责持本表到装修审批监管小组会签。

　　2. 装修整改期间，装修审批监管小组人员进行全程监督。

　　3. 本表适用于进场审批使用，由商户填写相关内容后报批。

十一　装修施工人员登记表

部门：　　　　装修铺位：　　　　商户姓名：　　　　联系电话：

照片						
姓　　名						
证件名称						
证件号码						
籍　　贯						
装修单位		单位电话		负责人		联系电话
备　　注						

说明：施工人员身份证或暂住证复印件可贴于本表背面。

十二 装修巡查记录表

铺位号		商户姓名		联系电话	
施工单位		装修负责人		联系电话	
违章记录		整改情况		巡查人	
巡查时间	内容描述			巡查人	

十三 装修验收表

铺位号		商户姓名		联系电话	
施工负责人		联系电话		施工天数	
验收项目	验收记录				
防水					
水路					
电路					
地面					
智能化系统					
墙面					
天花板					
空调打孔					
超申报内容1					
超申报内容2					
其他1					
其他2					
其他3					
整改内容				年 月 日	
整改结果				年 月 日	
违章情况				年 月 日	
商户意见		签名：		年 月 日	
验收人意见		签名：		年 月 日	
市场办负责人		签名：		年 月 日	

十四　装修验收结算单

部门：　　　　　　　　　　　　　　　　　　　　　年　月　日

铺号		商户姓名		施工负责人			
项 目	应收款	实收款	应交款	应退款	实退款	备 注
装修押金（商户）						
装修押金（装修队）						
装修押金（纳税保证金）						
施工人员押金						
装修管理服务费						
其他						
合计						

经手人：　　　　　　　　　　　　　审核人：

机电、楼宇工程管理篇

第一部分 工程内部管理

一 机电工程部交接班制度

1 接班人员应提前 10 分钟到达岗位，做好接班的准备工作。

2 交接班人员在交接班之前，必须清理好值班室、机房和设备卫生。

3 认真查看上班运行记录及维保记录，听取上班值班人员的设备运行情况及其他情况介绍。

4 接班人员必须进行设备检查，确认设备是否完好，运行是否正常。

5 接班人员必须检查各种工具是否齐全完好，机房钥匙、对讲机等是否齐全完好。

6 在确认一切正常后交接双方同时在交接记录上签字。但在下列情况不得交接班：

6.1 接班人员未到达岗位不得交班离开岗位。

6.2 接班人员有醉酒现象或有神志不清的情况。

6.3 设备发生故障需进行紧急处理的当班人员。

6.4 设备发生故障，交班人员应按上级要求加班进行抢修。

二 机电工程部值班室管理制度

1 值班室及值班机房应整洁且有足够的照明，各种物品摆放整齐。

2 值班室人员应保持良好的精神风貌，着装规整，坐立行姿势端正，语言行为文明。

3 密切注意机房设备运行情况，搞好机房及设备卫生，发现异常情况及时处理和向上级汇报。

4　值班人员必须认真如实填写设备运行记录、巡检记录，并按规定签字；不得有漏记、少记、代签或搞回忆录等情况。

5　机房内禁止会客。不得放入无关人员，特别是公司解聘人员。

6　值班时间严禁睡觉，不得看非专业性书报。

7　对进入值班机房的非值班人员，包括本专业非值班人员和公司领导，必须进行登记。详记进出时间及言行内容。

8　值班人员离开机房应关好或锁好门窗，防止人为破坏事故发生。

三　机电工程部材料及工具管理制度

1　材料管理。

1.1　材料入库必须由仓管员亲自清点核实后，方可办理入库手续。日常维修材料以外的贵重材料、备品备件须由相应专业值班主管签字，保证质量方可入库。

1.2　工程部各专业所用材料必须由各专业主管签字后方可办理出库，且在备注栏注明用途及领用人。

1.3　每日的材料出库单必须于次日早送部门经理审阅并签字。

1.4　材料的使用原则是以旧换新，可以修复利用的分类存放。

1.5　维修人员结束维修后，必须认真填写维修单，写清材料使用情况，请维修单位（方）在维修单上签名并签上维修工的工卡号。同时应注明材料费明细。维修单每天下班送仓管员处。

1.6　公共区域使用的材料由分管主管现场检查后在维修单上签字。

1.7　对外加工（或外委加工）零件必须经部门经理审批后方可进行。

1.8　特殊情况如设备维修等来不及办理材料入、出库手续的，必须及时补办手续。

1.9　每月底，仓管员将收回废材料分类清点，经部门经理现场核实并在清点记录本上签字后通知清洁部清出。

1.10　仓管员必须认真填写材料进、出库账，每月进行盘存、账目平衡且报财务部门，各种单据认真保存备查。

1.11　仓管员严格保管仓库钥匙，每半年对仓库进行清点核对，做到账账相符，账物相符。

2 工具管理。

2.1 工程部各专业所用公用工具，必须由各专业主管或领班负责管理，工具以专业主管或领班的名义登记。

2.2 个人领用工具必须由专业主管同意交经部门经理批准且记入个人工具登记卡。

2.3 工具发生丢失，一律按新旧程度抵价赔偿。

2.4 工具领用一律以旧换新，在工作中由于使用不当损坏工具的，按工具新旧程度抵价赔偿。

2.5 所有工具一律不外借，个人工具不得带出公司干私活，如有特殊情况必须经部门经理审批后方可租借。

2.6 手持电动工具入库保管，各专业每次领用，下班前必须送还仓库。不能及时送还的需经部门经理同意方可继续使用。

2.7 员工离职必须全部退还工具，短缺的按价赔偿。

2.8 较大型工具超过使用期，必须申请后经技术人员检查确认，报分管工程部的副总方可报废。

2.9 每年 12 月清点一次各专业的工具情况。

四 机电设备编号管理规程

1 设备编号规则。

设备编号由以下四部分组成：

A. 第一部分表示设备所在区域：用地域名称汉语拼音的第一个大写字母+数字表示（见 2.0）。

B. 第二部分表示设备的类别：用数字 01~99 表示（见 3.0）。

C. 第三部分表示设备的管理等级：用大写英文字母表示。

D. 第四部分表示单位设备序号，用数字 1、2、3 等表示。

例：S-1D——51——A——1

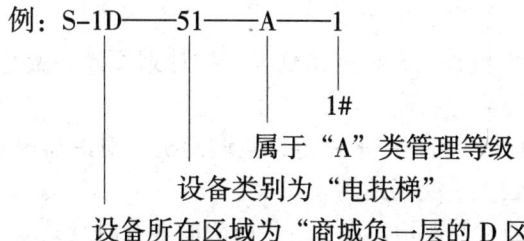

1#

属于"A"类管理等级

设备类别为"电扶梯"

设备所在区域为"商城负一层的 D 区"

2　区域表示。

S——表示商城

-1、1、2……7——表示负一楼到七楼；

A、B、C、D、E、F、G、H——表示楼面分区，与防火分区一致（负1层8个、其余层4个）。

3　设备类别代码。

生 活 泵（0）：生活泵1；潜水泵2；管道泵4。

消 防 泵（1）：消火栓泵1；喷淋泵2；稳压泵3。

消防送风/排烟（2）：正压风机1；排烟风机2；送/排风口3；防火卷帘4；防火门5；排烟阀6。

消防报警控制（3）：烟感/温感1；破玻按钮/警铃2；模块3；消防广播4；消防对讲机/电话5；湿式报警阀/水力警铃6；消防控制联动柜7；火灾报警控制器8；水流指示器/信号阀9。

消防其他设备（4）：消火栓1；消火栓接合器2；喷淋接合器3；应急灯4；灭火器5；喷淋压力罐6；消防栓压力罐7；煤气报警器8；疏散指示灯9。

公共通道（5）：电扶梯1；升降客梯2；货梯3。

智能化设施（6）：安保对讲1；闭路监视2。

空调通风（7）：冷水机组1；空调柜机/新风机2；分体空调3；窗式空调4；风机盘管5；水塔6。

电讯（8）：电话交换机1；信号放大/转换器2；无线对讲装置3。

控制、配电（9）：配电柜1；电气"三箱"2；控制柜3；发电机4；变压器5；不间断电源6；直流电源7；充电器8。

其他（10）：工机具4；办公设备5；汽车6；洗地机10；吸尘器11；计算机9。

4　设备的管理等级。

根据设备对商户服务的重要性，将其分三级：

A级设备：电梯、消火栓水泵、喷淋泵、喷淋压力罐、稳压泵、变压器、发电机、高压配电柜、低压配电柜、水泵配电柜及控制柜、火灾报警控制器、消防联动柜。

A级管理设备应做到日巡视检查，责任落实到人，按计划保养并做好相关记录，发生故障及时处理，能做到热备用。

B级设备：送/排风机、排烟风机、冷水机组，空调柜机、对讲监控系统、防盗报警系统、气体自动灭火设施、交通道闸。

B级管理设备至少应做到经常性巡检，设备发生故障时能及时赶到。

C级设备：除A、B级以外的所有设备。如防火卷帘门、小型控制箱（配电箱）、办公室空调、风扇、维修机具、保安通信设备、消火栓、潜水泵、风机盘管、吸尘器等。

C级管理设备应做到计划保养，设备发生故障时能及时赶到。

五　主要设备（周/月/年）润滑表

检查类型：　　　　　　　　　　　　　　　　　　　　星期

年　　月　　日

设备编号	设备名称	润滑部位	润滑油号	油量	周期	润滑日期	备注
920-1	17TS 主机	主机马达轴承	美浮 G12	注油器每次推注8次	每月		
920-2	17TS 主机	主机马达轴承	美浮 G12		每月		
920-3	17TS 主机	主机马达轴承	美浮 G12		每月		
261-01-06	直梯 LVP-1000-C060	减速箱	美浮 1320	20L×6	每年		
		导轨	30# 机油 HJ-30	4L×6	每月		
261-01-14	扶梯 12DX	传动链油泵	30# 机油 HJ-30	2L×14	每月		
	扶梯 12DX	减速箱	美浮 140	6L×14	每年		
626-001-003	DBI3J-600 冷却塔	减速箱	30# 机油 HJ-30	70L	每半年		
B665-01-04	250S-24 冷却泵	轴承箱	美浮 G12	2/3 视窗	每月		
B645-01-08	150-152-315A 冷冻泵	轴承箱	30# 机油 HJ-30	2/3 视窗	每月		
B661001 B661002	100-65-250B1 生活泵	轴承箱	30# 机油 HJ-30	2/3 视窗	每月		
911-11	Y4-72 风机	轴承箱	30# 机油 HJ-30	2/3 视窗	每月		
911-01	Y4-72-10 风机	轴承箱	30# 机油 HJ-30	2/3 视窗	每月		

专业主管：　　　　　　　　　　　　　　　　　　　　润滑人：

六 交接班记录表

商场工程部

交接班时间	年 月 日 时 分
交接班姓名	
交接	
现场情 况及遗 留问题	
备 注	

承接人签字：　　　　　　　　　　　　专业主管签字：

七 报修单

年 月 日

商场工程部

报修单		报修人		报修日期		联系电话	
报修内容							
维修材料取费 性质和工费	1. 材料免费提供（是、否）			付款方式	1. 现金交财务（是、否）		
	2. 公司提供合作商出资（是、否）				2. 倒扣（是、否）		
	3. 合作商自备材料（是、否）				3. 支付费用的合作商登记号：		
验证结果：							
以下由工程部填写							
签收人			签收日期			预计完成日期	
备注：							

说明：1. 第一联送交工程部，第二联报修部门存档。
　　　2. 若收取费用的，第一联交财务部，工程部复印存底。

八 日设备维修记录表

商场工程部   年　月　日至　　年　月　日

设备编号		设备名称		设备型号	
维修人员				检验人员	

设备二级维修记录	更换零件型号				

	设备编号	设备名称	维修人员	维修日期	设备一级维修内容
设备一级维修记录					
再维修提示					

工程部经理签字：　　　　　　　　　　　　　　　　专业主管签字：

九　设备事故报告

商场工程部　　　　　　　　　　　　　　　　　　　年　月　日

设备编号		设备名称		设备型号	
事故级别		停机时数		事故日期	
事故损失				事故当事人	
事故原因					
今后措施					
处理意见					

分管副总：　　　总工程师：　　　部门经理：　　　专业主管：

十　维保年度计划表

年　月　日   No.

序号	设备设施名称	设备设施编号	维修保养内容	所需主要材料名称及规格	预计单价	数量	预计费用	预计实施时间	备注

制表人：   审核人：   批准人：

××国际商业广场商业经营管理有限公司

十一　维保记录表

设备设施名称：　　　　　　　　设备编号：　　　　　　　No.

序号	维修保养内容	所用主要材料名称、规格及数量	保养人/日期	确认人/日期	备注

十二　备品/备件计划表

年　月　日   No.

序号	名称	型号及规格	单位	数量	单价	金额	制造厂	用途

制表人：　　　　　　　　　　审核人：　　　　　　　　　　批准人：

十三 申请延时维保表

维修保养设备设施名称	
影响区域	
预计延时时间	从 至 止

延时理由简述：

申请人/日期

主管意见	
	机电维修部主管签名/日期
主管经理意见	
	主管经理签名/日期

第二部分　电气（器）设备管理

一　电气设备管理规程

1　目的。

为商场电气设备运行、维护提供行业工作规范，确保安全运行。

2　适用范围。

本规程适用范围：商场电气设备运行、维修人员及其所管辖的设备。

3　内容。

3.1　一般规定。

3.1.1　××国际商业广场在电气设备投入系统运行前，应建立健全用电管理机构，根据电气设备的电压等级、用电容量及电气设备具体情况配备电气设备运行、检修和维修专业人员。

3.1.2　××国际商业广场的电气专业人员，应符合《×××地区电气安全工作规程》关于现场电气工作人员必须具备的条件。

3.1.3　广场应按照本规程和有关规程的规定，结合本单位具体情况，建立电气设备运行、检修和试验制度；做好电气工作人员的安全技术培训，提高运行管理水平。公司各级专业领导应对贯彻执行本规程的情况，进行检查和监督。

3.1.4　商场管理公司工程部，应加强和改善电气设备的运行管理工作，不断提高设备完好率。并按《供电营业规则》的要求，做好无功功率补偿工作，降低电能损耗，实现供用电系统的安全、合理、经济运行。

3.1.5　应结合季节特点、本单位生产、工作特点及有关要求，组织电气工作人员对电气设备进行安全检查，加强设备缺陷管理，贯彻各项反事故措施。

3.1.6　应定期汇总、分析运行报表，编制维修工作计划，并负责建立和完善各种电气设备运行规章制度及技术管理资料，以及和供电部门主管单位的技术业务联系。

3.1.7 选用电气设备应符合有关国家标准和行业标准的要求。凡国家公布的淘汰产品不得选用。仍在运行中的淘汰产品应根据具体情况制订改造计划，逐步更换。威胁安全运行的淘汰产品，应及时更换。

3.2 变（配）电室运行管理。

3.2.1 运行管理的基本要求：

3.2.1.1 变、配电室应建立以下运行管理制度。

3.2.1.2 值班制度。

3.2.1.3 交接班制度。

3.2.1.4 巡视检查制度。

3.2.1.5 配电室安全管理制度。

3.2.1.6 设备缺陷管理制度。

3.2.1.7 运行维护工作制度（见巡视路线图）。

3.2.1.8 运行分析制度。

3.2.1.9 设备预防性试验制度。

3.2.1.10 培训管理制度。

3.2.1.11 场地环境管理。

3.2.2 供电部门对××国际商业广场的调度制度管理。

3.2.2.1 调度管理制度是供电部门与××国际商业广场所签订的有关停送电、改变运行方式以及事故处理等以电话命令进行电气操作的制度。

3.2.2.2 供电部门值班调度员对××国际商业广场值班员下达的操作命令，受令人必须执行。如果执行该命令将威胁人身和设备安全时，受令人应暂不执行，并将理由报告值班调度员和本单位领导人，听候处理意见。

3.2.2.3 用户值班员接到供电部门值班调度员的命令时，必须对其命令的意图有充分理解，并应将命令全部复诵无误后执行，执行后应立即报供电部门值班员。如果对调度员的命令有疑问之处，必须询问清楚后再执行。

3.2.2.4 供电部门值班调度员和用户之间进行调度联系时，应首先互相通报厂（站）名称和个人姓名。

3.2.2.5 配电室必须装有市内直通电话。

3.2.3 ××国际商业广场，对值班员的要求如下：

3.2.3.1 必须清楚地了解本电站电气设备及调度范围的划分。

3.2.3.2 必须随时掌握本电站系统的运行方式、备用设备情况。

3.2.3.3 值班员只能在自己有权调度与操作的设备范围内断开电源进行检修工作。

3.2.4 ××国际商业广场工作人员在进行电气操作维修工作时，必须严格执行《×××地区××国际商业广场电气安全工作规程》。

3.2.5　变（配）电室运行值班制度：

3.2.5.1　××国际商业广场10千伏电压等级的变（配）电所、设备容量在630千伏及以上者，应安排专人值班，值班方式可根据变（配）电室的规模、负荷性质及重要程度确定。

3.2.5.2　负荷为三类的变（配）电所（室），可根据具体情况安排值班，值班人员不少于二人，但在没有倒闸操作等任务时，可以兼做用电设备维修工作。

3.2.6　变（配）电所（室）的运行值班人员需经供电部门培训、考核，并取得《电工进网作业许可证》后，方准进网作业。

3.2.7　变（配）电所（室）运行值班人员的基本职责：

3.2.7.1　变（配）电所（室）运行值班人员在值班时间内对本站设备负有监视、维护、操作及事故处理的责任。

3.2.7.2　值班人员应按值班制度值班，遵守现场工作纪律、按规定统一着装，坚守工作岗位，不得进行与工作无关的活动。

3.2.7.3　值班人员必须熟知和严格执行安全规程、运行管理规程、调度规程和现场运行规程及有关制度。

3.2.7.4　值班人员应熟知所管辖的设备系统和可能的运行方式，掌握主要设备的规范和性能，掌握各种保护和自动装置一般原理和运行规定。

3.2.7.5　认真执行操作票制度，能正确地进行倒闸操作和正确、迅速地进行事故处理。操作票制度规定如下：

3.2.7.5.1　操作票是防止误操作（错位、错合断路器，带负荷拉、合隔离开关及带地线和闸等）的主要措施。变（配）电所（室）的倒闸操作应填写操作票。

3.2.7.5.2　变（配）电所（室）的一切操作需得到电气负责人或供电部门调度员的命令或许可（指受供电部门调度的用户），同时复诵无误后，将发令人、许可人及时填入值班记录簿。

3.2.7.5.3　在变（配）电所（室）的架空或电缆线、母排上进行工作而要求停电时，值班人员必须在接到工作负责人的书面要求后，填写操作票，方可进行操作。

3.2.7.5.4　操作票应按照顺序填写，禁止使用铅笔填写。

3.2.7.5.5　操作票的内容应包括操作任务、发令人、操作人、监护人及操作时间等。

3.2.7.5.6　操作票应进行编号，已操作的应注明"已执行"，保存期不少于3个月。

3.2.7.6 通过运行分析，找出设备运行隐患，并掌握一般维修技能，做好设备维护，认真搞好环境卫生，切实做好运行管理工作。

3.2.7.7 做好各种技术管理、技术记录和变（配）电所（室）内安全用具、消防用具、设备备品及维修工具的管理。

3.2.8 ××国际商业广场的变（配）电所（室）应建立并认真执行运行值班交接班制度：

3.2.8.1 交接班的一般规定：

3.2.8.1.1 变（配）电所（室）应按规定的值班方式进行值班和按规定的时间进行交接班；如接班人员未按时到达，交班人员应坚持工作直至接班人员到达；未经办理交接班手续，交班人员不得离开工作岗位。

3.2.8.1.2 交接班工作必须做到交接两清，交班人员应按规定详细介绍，接班人员应认真听取。

3.2.8.1.3 在处理事故或进行倒闸操作时不得进行交接班。交接班过程中发生事故时，应停止交接班，并由交班人员处理，接班人员协助进行处理；处理事故、倒闸操作完毕或告一段落后，方可进行交接班。

3.2.8.1.4 接班人员对设备进行检查确认无问题后，交接双方在值班记录上签字，交接班方可结束。

3.2.9 变（配）电所（室）运行值班交班工作内容：

3.2.9.1 设备运行方式、设备变更和异常情况处理经过。

3.2.9.2 设备的修试、扩建和改进工作的进展情况。

3.2.9.3 巡视发现的缺陷、处理情况以及本值自行完成的维护工作。

3.2.9.4 许可的工作票、已执行的操作票，地线使用组数、位置及备用地线的数量。

3.2.9.5 机电保护、自动装置、远动装置、微机、监控系统的运行及变动情况。

3.2.9.6 规程制度、上级指示的执行情况。

3.2.9.7 设备清扫、环境卫生、消防设施及其他。

3.2.9.8 通讯设备、工具、钥匙的使用和变动。

3.2.10 变（配）电所（室）运行值班工作内容：

3.2.10.1 检查模拟图板，核对系统运行方式、设备位置，并对上班操作过的设备进行质量检查。

3.2.10.2 检查设备缺陷，特别是新发现的缺陷，是否有进一步扩展的趋势。

3.2.10.3 试验有关信号、远动及自动装置、电容补偿装置以及继电保护、微机、监控系统的运行及变更情况。

3.2.10.4 了解设备的修试情况，重点检查工作质量和设备上的安全措施布置情况。

3.2.10.5 审查各种记录、技术资料及安全用具、消防用具、维修工具、备品备件、钥匙、设备环境卫生等。

3.2.11 ××国际商业广场的变（配）电所（室）运行应建立巡视检查制度：

3.2.11.1 巡视检查的一般规定：

3.2.11.1.1 本变（配）电所（室）应根据本所（室）的整体情况，制订各类设备巡视周期、巡视时间及巡视要求。值班人员应按规定对设备进行巡视检查。

3.2.11.1.2 变（配）电所（室）设备巡视检查周期如下：

A. 有人值班的变（配）电所（室），至少每班巡视一次。

B. ××国际商业广场在有特殊用电的情况下，可根据上级要求安排特殊巡视。

C. 巡视高压设备时，注意保持安全距离，禁止移开或越过遮栏，禁止触摸高压电气设备，不得在其上面进行工作。雷雨天气巡视室外高压电气设备的绝缘部分，不得靠近避雷针，与避雷器和避雷针的距离应大于 5 米以上。

D. 寻找高压设备接地故障点时，应穿绝缘靴，运行人员对故障点的安全距离：室内大于 3.2 米，室外大于 8 米。手接触设备外壳和架构时应带绝缘手套。

E. 巡视人员在巡视开始和终了时，均应告知值班人员，终了时应说明巡视结果，并做记录。

F. 巡视中发现设备缺陷，应报电气负责人研究消除对威胁设备安全运行的情况，对可能引起严重后果的，应向有关领导汇报，并做好记录。

G. ××国际商业广场的电气技术负责人应定期对变（配）电所（室）的设备进行巡视检查。

3.2.11.2 根据下列具体情况应安排特别巡视检查：

3.2.11.2.1 设备过负荷或负荷有显著增加。

3.2.11.2.2 新设备、长期停运或维修后投入运行的设备（变压器退出运行不得超过半年，半年后应作耐压试验）。

3.2.11.2.3 运行中的可疑现象和严重缺陷。

3.2.11.2.4 根据领导指示或要求，加强值班时。

3.2.11.2.5 重要节日及重大政治活动时。

3.2.11.2.6 遇有风、雪、雨、雾、雹等异常天气时。

3.2.11.2.7 设备发生重大事故，经处理恢复送电后，对事故范围内的设备应安排特别巡查。

3.2.11.2.8　导线应无松股、断股、过紧、过松等异常，接头、刀闸、插头应有试温蜡片，并无发热现象。

3.2.11.2.9　瓷质部分应清洁，无破损、裂纹、打火、放电、闪络和严重电晕等异常现象。

3.2.11.2.10　配电盘、二次线、仪表、继电保护、遥控、自动装置和音响信号、运行指示正常。试验时应动作正确，直流系统绝缘应良好。

3.2.11.3　特别巡视检查重点内容：

3.2.11.3.1　严寒季节，重点检查充油设备有无油面过低、导线过紧、接头熔雪、瓷瓶结冰现象，检查保温取暖装置是否正常。

3.2.11.3.2　高温季节，重点检查充油设备有无油面过高、导线过松现象，检查通风降温设备是否正常。

3.2.11.3.3　刮风季节，检查站院设备附近有无易刮起的杂物，检查导线摆度是否有过大或断股等异常现象。

3.2.11.3.4　雷雨季节，检查瓷质部分有无放电痕迹、裂纹，避雷器的放电记录器有无动作，房屋有无漏雨，基础有无倾斜下沉，沟眼水漏是否畅通，排水设备是否良好。

3.2.11.3.5　冬季检查门窗是否严密，有无防止小动物进入室内的措施，春季检查架构上有无鸟巢。

3.2.11.3.6　高峰负荷期间检查各路负荷是否超过最小载流元件的允许值，检查最小载流元件有无发热现象，必要时应用测温装置进行测试。

3.2.11.3.7　大雾、霜冻、雨、雪期间检查瓷质部分有无严重打火、放电、电晕等现象，危险设备地区应加强巡视。

3.2.12　变（配）电所（室）的设备缺陷管理制度：

3.2.12.1　运行中的变（配）电设备发生异常，虽能继续使用，但影响安全运行，均称为设备缺陷。设备缺陷可分为三大类：

3.2.12.1.1　危急缺陷：缺陷的严重程度已使设备不能继续安全运行，随时可能导致发生事故或危及人身安全的异常情况，必须尽快消除或采取必要的安全技术措施进行临时处理。

3.2.12.1.2　严重缺陷：对人身和设备有严重威胁，不及时处理有可能造成事故的。

3.2.12.1.3　一般缺陷：对运行虽有影响但设备尚能坚持运行的。

3.2.12.2　有关人员发现设备缺陷后，无论消除与否均应由值班人员记录，并向有关领导汇报。严重缺陷应及时消除或采取措施，防止造成事故，并上报主管部门。需其他部门处理时，应及时上报，并督促尽快处理，对一般缺陷可列入计划进行处理。

3.2.13 变（配）电所（室）值班人员除正常工作外，应根据季节性工作特点、环境特点及本所设备情况，制订维护工作项目和周期工作日程表。

3.2.14 变（配）电所（室）的运行维护工作项目包括：

3.2.14.1 控制盘清扫、带电测温、交直流熔丝检查、设备标志修改及更新、电缆沟孔洞堵塞等。

3.2.14.2 备品备件、消耗材料定期检查、试验。

3.2.14.3 安全用具、仪表、防护用具和急救医药箱的定期试验、检查。

3.2.14.4 按要求设置各种消防器具，值班人员应定期组织学习使用方法，并定期演习检查。

3.2.15 变（配）电所（室）应建立运行分析制度，运行分析工作主要是对变配电设备运行工作状态进行分析，摸索规律，找出薄弱环节，有针对性地制定防止事故的措施。运行分析分为综合分析和专题分析，综合分析为定期对本所安全运行、经济运行、运行管理等进行分析，找出影响安全的因素及可能存在的问题，提出解决措施，专题分析不定期进行，针对具体问题，进行专门分析。

3.2.16 变（配）电所（室）工作人员应负责做好下列各项场地环境管理工作：

3.2.16.1 室内外环境整洁，场地平整，搞好绿化，设备区不应存放与运行无关的闲散器材和私人物品，禁止无关人员进入场地。

3.2.16.2 保持设备整洁，构架、基础无严重腐蚀，房屋不漏雨，高压室、主控制室无孔洞，安全网门完整、正常关闭加锁。

3.2.16.3 电缆盖板齐全，沟内干净，有整洁的巡视道路。

3.2.16.4 值班室、高压配电室严禁遗留食物及储放粮食，并应有防止小动物的安全措施。

3.2.16.5 各种图表悬挂整齐，资料装订成册，有专柜存放。

3.2.16.6 室内外的运行设备，应做到标志齐全、清楚、正确，设备上不准粘贴与运行无关的标志。

3.2.16.7 室内外照明充足，维护设施完好。

3.2.16.8 所内严禁饲养家禽家畜。

3.2.16.9 配电室内严禁烟火，对明火作业严加管理。

3.2.17 ××国际商业广场的变（配）电所（室）应根据电力行业标准《电力设备交接和预防性试验规程》的规定，对电力设备进行预防性试验，用以判断设备是否符合运行条件，预防设备损坏，保证安全运行。

3.3 ××国际商业广场变（配）电所（室）的技术管理。

3.3.1 ××国际商业广场变（配）电所（室）应具备《×××地区××国际商业广场电气安全工作规程》、《×××地区××国际商业广场电气工程安装规程》和《×××地区××国际商业广场电气设备运行管理规程》。××国际商业广场还可根据设备情况，具备以下有关行业标准和规程：

A. 变压器运行规程。

B. 电力电缆运行规程。

C. 继电保护及安全自动装置运行管理规程。

D. 电气设备交接试验规程。

E. ×××地区电力系统调度管理规程各种反事故技术措施。

3.3.2 变（配）电所（室）应参照行业标准和×××地区有关规程，结合本所具体情况制定现场工作规程，并认真贯彻执行。

3.3.3 变（配）电所（室）应备有下列用具和器材：

3.3.3.1 各种安全用具、临时接地线各种安全标示牌及其他常用工具。

3.3.3.2 常用携带型仪表（包括绝缘摇表、电压表、万用表、直流电桥等，有条件的应备有远红外测温仪）。

3.3.3.3 急救医药箱。

3.3.3.4 应急照明、手电筒。

3.3.3.5 消防器材。

3.3.3.6 变（配）电所（室）内应根据设备需要的具体情况，备有备品、备件。

4 支持性文件。

4.1 《设备管理制度》。

4.2 《商场管理公司制度汇编》。

二 供配电设备设施安全技术操作规程

1 目的。

规范供配电设备设施运行管理工作，确保供配电设备设施良好运行。

2 使用范围。

使用于商场供配电设备设施的运行管理。

3 主要内容。

3.1　巡视监控。

3.1.1　变（配）电室值班电工每班巡视两次高压开关柜、变压器，每二小时巡视一次；中班巡视三次配电柜、电容柜，每周巡视一次落地箱、电表箱。

3.1.2　变（配）电室值班电工应按规定的频次进行检查、巡视、监控，并把每次所到巡视点的时间记录在《供配电设备设施运行日记》上。

3.1.3　巡视内容。

A. 变压器油位、油色是否正常，密封处是否漏油，变压器运行是否超温（85）。

B. 有无异常响声或气味。

C. 各种仪表指示是否正常，指示灯是否正常。

D. 单相、三相电压是否在额定值的10%范围以内，是否超载运行。

E. 各种接头是否有过热或烧伤痕迹。

F. 防小动物设施是否完好。

G. 接地线有无锈蚀或松动。

H. 各种临时用电接驳情况。

I. 各种标示牌、标示物是否完好。

J. 安全用具是否齐全，是否存放于规定位置。

K. 按时开关管辖区域内路灯、灯饰或喷水池，及时维修好管辖区内路灯。

3.1.4　对于巡视中发现的问题，当值变（配）电室值班电工应及时采取整改措施加以解决，处理不了的问题应及时如实地汇报给主管，在主管的协同下加以解决，整改时应严格遵守《供配电设备设施安全操作标准作业规程》和《供配电设备设施维修保养标准作业规程》的相关规定。

3.2　异常情况处置。

3.2.1　触电处置。发现有人触电时，当值变（配）电室电工应保持镇静、保持头脑冷静，尽快使触电者脱离电源，并进行紧急抢救。

A. 拉开电源开关、拔去插头或熔断器。

B. 用干燥的木棒、竹竿移开电线或用绝缘工具（平口钳、斜口钳等）剪断电线。

C. 用干燥的衣服或绝缘塑料布垫住，将触电者脱离电源。

D. 防止触电者在断电后跌倒。

E. 如果触电者尚未失去知觉，则必须让其保持安静，并立即请医生进行诊治，密切注意其症状变化。

F. 如果触电者已失去知觉，但呼吸尚存，应使其舒适、安静地仰卧，将上衣与裤带放松，使其容易呼吸，若触电者呼吸困难，有抽筋现象，则应积极进行人工呼吸，并及时送进医院。

G. 如果触电者的呼吸、脉搏及心跳都已停止，此时不能认为其已死亡，应当立即对其进行人工呼吸，人工呼吸必须连续不断地进行到触电者自行呼吸或医生赶到现场救治为止。

3.2.2 配电柜自动空气开关跳闸的处置：

A. 判断跳闸原因（短路或过载）。

B. 查清楚负载种类及分布情况。

C. 对可疑处逐个检查，确认故障部位或报告主管，请示支援解决。

D. 如已排除应立即恢复供电。

3.2.3 变（配）电房发生火灾按《火警、火灾应急处理标准作业规程》处置。

3.2.4 变（配）电房发生水浸时的处置：

A. 视进水情况，拉下总电源开关或高压开关。

B. 堵住漏水源。

C. 如果漏水较大，应立即通知机电维修部主管，同时尽力阻滞进水。

D. 漏水源堵住后，应立即排水。

E. 排干水后，应立即对湿水设备设施进行除湿处理（如用干的干净抹布擦拭、热风吹干、自然通风、更换相关管线等）。

F. 确认湿水已消除（如各绝缘电阻达到规定要求），开机试运行，如无异常情况出现，则可以投入正常运行。

3.3 "市电"停电，检查应急照明，同时当值变（配）电室值班电工应巡查电梯内有无困人，如有应按《电梯困人救援标准作业规程》实施救援工作。

3.4 变（配）电室管理。

3.4.1 非值班人员不准进入机房，若需要进入，须经工程部主管批准，并在值班人员陪同下方可进入机房。

3.4.2 机房内严禁存放易燃、易爆、危险物品。机房内应备齐消防器材，并禁止吸烟。

3.4.3 每班打扫一次机房的卫生，每周清洁一次机房内和设备设施卫生，做到地面、墙壁、天花板、门窗、设备设施表面无积尘、无油渍、无锈蚀、无污物、油漆完好，整洁光亮。

3.4.4 机房内应当通风良好、光线充足、门窗开启灵活，防小动物设施完好。

3.4.5 机房应当做到随时上锁，钥匙由当值电工保管，值班电工不得私自配钥匙。

3.5 交接班要求。

3.5.1　接班人员应准时来接班。

3.5.2　接班人员应认真听取交班人员的交代，并查看《供配电设备设施运行日记》，检查工具、物品是否齐全，确认无误后在《供配电设备设施运行日记》上签名。

3.5.3　有下列情况之一者不准交接班：

A. 上一班运行情况未交代清楚。

B. 记录不规范、不完整、不清晰。

C. 机房不干净。

D. 接班人未到岗。

E. 事故正在处理中或交班时发生故障，此时应由交班人负责继续处理，接班人协助进行。

3.6　当值变（配）电室值班电工应将供电设备设施的运行数据（电压、电流、功率因数、环境温度、有功用量、无功用量）及运行状况清晰、完整、规范地记录在《供配电设备设施运行日记》表内。电气专业主管在每月的 3 号之前将上一个月的记录整理成册后交机维修部存档，保存期限为二年。

三　电气、电器、电动工具安全技术操作规程

1　工作前，必须检查工具，测量仪表和防护用具是否完好。

2　任何电器设备未经验电，一律视为有电，不准用手触及。

3　电气设备及其带动的机械部分需要修理时不准在运行中拆卸修理，必须在停车后切断设备电源，取下熔断器，挂上"禁止合闸，有人工作"的标示牌，并验明无电后，方可进行工作。

4　在配电总盘及母线上进行工作时，在验明无电后应挂临时接地线。装拆接地线都必须由值班电工进行。

5　临时工作中断后或每班开始工作前都必须重新检查电源确已断开，并验明无电。

6　每次维修结束时，必须清点所带工具、零件，以防遗失和留在设备内造成事故。

7　低压设备上必须进行带电工作时，要经过领导批准，并要有专人监护。工作时要戴工作帽、穿长袖衣服、戴绝缘手套，使用有绝缘柄的工具，并站在绝缘垫上进行，临近有带电部分和接地金属部分应用绝缘板隔开，严禁使用锉

刀、钢尺等进行工作。

8　动力配电箱的闸刀，禁止带负荷拉开。

9　带电装卸熔断器管时，要戴防护眼镜和绝缘手套，必要时使用绝缘夹钳、站在绝缘垫上。

10　熔断器的容量要与设备和线路安装容量相适应。

11　电气设备的金属外壳必须接地（接零）。接地线要符合标准。有电设备不准断开外壳接地线。

12　电器或线路拆除后，可能来电的线头必须用绝缘胶布包扎好。

13　安装灯头时，开关必须接在火线上，灯口螺纹必须接在零线上。

14　使用梯子时与地面之间角度 60 度为宜，不准垫高使用，在滑的地面上使用梯子时要有防滑措施。没有搭钩的梯子，在工作中要有人扶住梯子，使用人字梯时拉绳必须牢固。

15　使用电动工具时，要戴绝缘手套，并站在绝缘垫上工作。

16　电气设备发生火灾时，要立即切断电源，并使用二氧化碳灭火，严禁用水灭火。

17　严格遵守"工作票"、"操作票"制度。

18　遵守国家规定的有关安全操作规程。

四　供配电设施设备维保标准作业规程

1　目的。

规范供电设备设施维修保养工作，确保供配电设备设施各项性能良好。

2　适用范围。

适用于××国际商业广场辖区内供配电设备设施的维修保养。

3　主要内容。

3.1　《供配电设备设施维修保养年度计划》的制订。

3.1.1　每年的 12 月 15 日前，由工程部经理组织电气专业主管/值班电工一起研究、制订《供配电设备设施维修保养年度计划》并上报公司审批。

3.1.2　《供配电设备设施维修保养年度计划》制订的原因：

A. 供配电设备设施使用的频度。

B. 供配电设备设施运行状况（故障隐患）。

C. 合理时间（避开节假日、特殊活动日等）。

3.1.3 《供配电设备设施维修保养年度计划》应包括如下内容：

A. 维修保养项目及内容。

B. 备品、备件计划。

C. 具体实施维修保养的时间。

D. 预计费用。

3.2 对供配电设备设施进行维修保养时，应严格遵守《供配电设备设施安全操作标准作业规程》，按《供配电设备设施维修保养年度计划》进行。

3.3 高压开关柜、变压器的主要维修保养项目由外委完成，外部清洁及部分外部附件的维修保养由变（配）电室值班电工负责，低压配电柜的维修保养由变（配）电室值班电工负责。

3.4 变压器维修保养。

3.4.1 外委维修保养：每年的 11 月份委托供电局抢修队对大厦内所有变压器进行测试、试验等项目的维修保养，此项工作由变（配）电室值班电工负责监督进行，并将结果记录在《供配电设备设施维修保养记录表》内。

3.4.2 外部维修保养：每年 4 月份、10 月份对大厦内所有变压器外部进行一次清洁、保养。

A. 测定变压器线圈的绝缘电阻，如发现其电阻值比上次测定的数值下降 30%~50% 时，应做绝缘油试验（对外委托试验），如绝缘油不合格则应全部换掉；换上新鲜的合格的绝缘油后，如果变压器的绝缘电阻还低于 120MΩ，则应对变压器线圈进行处理（对外委托完成）。

B. 清扫变压器外壳，变压器漏油时应拧紧螺母或更换密封胶垫。

C. 拧紧变压器引出线的接头，如发现接头烧伤或过热痕迹，应进行整修处理并重新接好。

D. 变压器油位处于指示器下限时，应补同型号绝缘油，并清除油枕集泥器中的水和污垢。

E. 检查变压器的接地线是否良好，地线是否被腐蚀，腐蚀严重时应更换地线。

3.5 高压开关柜维修保养。每年 12 月份委托供电局对大厦内所有高压开关柜进行一次维修保养，此项工作由电气主管负责监督进行并记录在《供配电设施维修保养记录表》内。

3.6 低压配电柜维修保养：每年的 4 月份、10 月份对大厦内的所有低压配电柜内外都进行一次清洁，先用压缩空气进行吹污、吹尘，然后用干的抹布擦拭。

3.6.1 刀开关维修保养：

A. 检查安装螺栓是否紧固，如松弛则拧紧。

B. 检查刀开关转动是否灵活，如有阻滞现象则应对转动部位加润滑油。

C. 检查刀开关三相是否同步，接触是否良好，是否有烧伤或过热痕迹，如有问题则进行机械调整或整修处理。

D. 用 500V 摇表测量绝缘底板，其绝缘电阻如果低于 100MΩ，则应进行烘干处理，烘干达不到要求的则应更换。

3.6.2 熔断器维修保养：

A. 新熔体的规格和形状应与更换熔体一致。

B. 检查熔体与保险座是否接触良好，接触部位是否有烧伤痕迹，如有则应进行修整，修整达不到要求的则应更换。

3.6.3 交流接触器维修保养：

A. 清除接触表面的污垢，尤其是进线端的污垢。

B. 清除灭弧罩内的碳化物和金属颗粒。

C. 清除接触表面及四周的污物，但不要修锉触头，烧蚀严重不能正常工作的触头应更换。

D. 清洁铁芯表面的油污及脏物。

E. 拧紧所有固件。

3.6.4 自耦减压启动器维修保养：

A. 用 500V 摇表检测电机绝缘电阻应不低于 0.5MΩ，否则应干燥处理。

B. 外壳应可靠接地，如有松脱或锈蚀则应除锈处理后拧紧接地。

3.6.5 电容器维修保养：

A. 清理冷却风道及外壳灰尘，使电容器散热良好。

B. 检查电容有无膨胀、漏油或异常响声，如有则应更换。

C. 检查接头处，接地线是否有松脱或锈蚀，如有则应除锈处理并拧紧。

D. 检查电容三相不平衡电流是否有超过额定值的 15% 或电容缺相，如有则更换电容。

3.6.6 热继电器上的维修保养：

A. 检查热继电器上的绝缘盖板是否完整，如有损坏则更换。

B. 检查热继电器的导线接头处有无过热痕迹或烧伤，如有则整修处理，处理后达不到要求的应更换。

3.6.7 断路器（自动空气开关）维修保养：

A. 用 500V 摇表检测电机绝缘电阻应不低于 10MΩ，否则应烘干处理。

B. 清除灭弧罩内的碳化物或金属颗粒，如果灭弧罩破裂，则应更换。

C. 断路器（自动空气开关）在闭合和断开过程中，其可动部分与灭弧室的零件应无卡住现象。

D. 在使用过程中发现铁芯有特异噪声时，应清洁其工作表面。

E. 各传动机构应注入润滑油。

F. 检查主触头表面有小的金属颗粒时，应将其清除，但不能修锉，只能轻轻擦拭。

G. 检查手动（三次）、电动（三次）闭合与断开是否可靠，否则应修复。

H. 检查分励脱扣、热式脱扣是否可靠，否则应修复。

I. 检查接头处有无过热或烧伤痕迹，如有则修复并拧紧。

J. 检查接地线有无松脱或锈蚀，如有则除锈处理并拧紧。

3.6.8　二次回路维修保养：

A. 号码管是否清晰或掉落，如是则补上新的号码管。

B. 接头处是否松弛，如松弛则拧紧。

3.6.9　主回路维修保养：

A. 标示牌是否清晰或掉落，如是则补上新的标示牌。

B. 接头处是否有过热或烧伤痕迹，如有则修复并拧紧。

C. 母线排油漆是否脱落，如是则重新油漆。

3.7　供配电设备的维修保养时间不允许超过 8 小时，如必须超过 8 小时，则电气主管填写《申请延时维修保养表》，工程部主管经理审核、总经理批准后方可延时。

3.8　对计划中未列出的维修保养工作，应由电气主管尽快补充至计划中，对于突发性设备设施故障，先经电气主管口头批准后，可以先组织解决而后写出《_____事故报告》并上报公司。

3.9　变配电室值班电工应将上述维修保养工作清晰、完整、规范地记录在《_____维修保养记录表》内，电气专业主管应于每次维修保养后的 3 天内将其记录整理成册后交工程部存档，保存期为长期。

3.10　停电管理。供配电设备设施因检修等原因需要停电时，应由工程部经理填写《停_____申请表》，经总经理批准后通知客户服务部，由客户服务部提前 24 小时通知有关用户。如因特殊情况突然停电，应在恢复供电 12 小时内向有关用户作出解释。

4　相关记录表。

4.1　《_____维保年度计划表》。

4.2　《_____维保记录表》。

4.3　《_____备品/备件计划表》。

4.4　《申请延时维保表》。

五 电气巡检（日、周、月、年）作业指导书

1 目的。

为商场电气运行、维护提供行业工作规范，确保安全运行。

2 适用范围。

本规程适用范围：商场电气运行、维修人员，及其所管辖的设备。

3 内容。

3.1 日检内容（值班电工）。

3.1.1 坚守岗位，工作期间精力集中，认真负责，履行职责。

3.1.2 每隔一小时对主配电室高、低压配电柜各仪表工作情况进行巡检，做好运行参数的记录工作。

3.1.3 根据用电负荷情况随时调整电容器的投入数量，保证功率因数在90%以上，保证供电质量。

3.1.4 每隔一小时对变压器的运行工况、温度等进行巡视检查，做好记录。

3.1.5 值班人员时刻监视各种仪表工作情况，确保操作控制系统工作正常。

3.1.6 负责处理设备运行过程中出现的配电系统故障，并做好记录。

3.1.7 每班对室外照明设备巡视检查一次，并做好记录。

3.1.8 每班对楼内照明系统巡检一次，做好记录。

3.1.9 值班人员应认真做好运行日志的记录工作，严格遵守交接班制度。

3.1.10 保持工作场所卫生。

3.2 周检查，巡视内容（维修电工）。

3.2.1 每周二次巡视检查楼内各层普通照明，应急照明，导向灯，应急灯等工作情况，发现损坏及时更换，并做好记录。

3.2.2 每周一次对强电井配电设备进行巡视、检查，发现问题及时处理。

3.2.3 配合运行人员及时处理设备运行当中发生的配电系统故障。

3.3 月检查，保养内容。

3.3.1 直流屏每月清洁保养一次。

3.3.2 电器仪表每月清洁一次，确保显示正常，固定可靠。

3.3.3 送电器、交流接触器每月清洁一次，做到触点完好，无过热现象，无噪声。

3.3.4 控制回路，每月检查一次，做到接触良好，标号清晰，绝缘层无变

色、老化。

3.3.5 指示灯、按钮、转换开关，每月清洁一次，做到标志清晰，固定可靠，转动灵活。

3.3.6 绝缘用具（鞋、手套、高压试电笔、高压拉杆）每月自检一次，在指定位置放好，保证完好无损。

3.3.7 电容无功补偿，每月检查一次，功率因数达 0.9 以上，电容接触器完好，电容补偿三相平衡。

3.3.8 对各主要转动设备的电机（马丁除渣机、除渣泵电机、给水泵电机）每月测试一次电流、电压、绝缘、电阻值，确保设备在额定参数状况下正常运行。

3.4 年检查保养项目：

3.4.1 高压部分。

3.4.1.1 高压断路器及操作机构：外表整洁，无裂痕，分合机构操作灵活，自锁机构正常。

3.4.1.2 隔离开关：外表清洁，无锈蚀，闸口无污垢，操作机构灵活可靠，销轴无脱落，无易位，与柜门连锁安全可靠。

3.4.1.3 指示灯、按钮、转换开关：外表清洁，标志清晰，固定可靠，转动灵活。

3.4.1.4 电器仪表：检查接线是否牢固，接点有无疵痕，仪表指针应灵活，有无卡阻现象，清扫尘土。

3.4.1.5 高压瓷瓶：检查外观有无裂纹，洁净，检查母线与瓷瓶是否松动，清扫尘土。

3.4.1.6 控制回路：检查端子排是否松动，接点有无松动，二次保险是否完好，控制电气应无松动、损坏现象。控制保险应符合设备工作参数，清扫除尘。

3.4.1.7 母线排：压接良好，牢固可靠。

3.4.1.8 接地刀闸、避雷器：测试接地刀闸电阻值应在正常范围内，避雷器每年 5 月以前送检一次。

3.4.2 变压器。

3.4.2.1 外观：扫尘、色标清晰，整体完好无损。

3.4.2.2 绝缘电阻：高压侧对地、零、低压侧对地、零绝缘良好。

3.4.2.3 接地端子：压接良好，牢固可靠。

3.4.2.4 母线排：压接良好、牢固可靠。

3.4.2.5 绝缘子：整体完好无损，扫尘。

3.4.2.6 自动降温装置：风扇手动启停自如，自动启停应符合变压器设定的温度范围。

3.4.3 低压柜。

3.4.3.1 柜面：检查柜面有无异常，表计有无损坏，看关门应自如，清洁盘面。

3.4.3.2 母线排：检查各连接电有无松动，有无过热、疵痕，相色漆有无脱落现象。

3.4.3.3 出线接口：母线出口应连接紧固，检查连接点，有无过热、疵痕。

3.4.3.4 抽屉柜：检查柜子推拉是否灵活、自如，断路器连接点有无松动、过热现象。断路器做拉合试验，检查设备整定值，参数是否符合要求，控制线路应完好无损，清扫、除尘。

4 支持性文件。

4.1 《设备管理制度》。

4.2 《商场管理公司制度汇编》。

六 电气事故应急处理作业指导书

1 目的。

为商业广场管理公司工程部电气运行、维护提供行业工作规范确保安全运行。

2 适用范围。

本规程适用范围：××国际商业广场电气运行、维修人员及其所管辖的设备。

3 内容。

3.1 变压器的不正常运行和处理。

3.1.1 值班人员在变压器中发现不正常现象时，应设法尽快消除，并报告上级和做好记录。

3.1.2 变压器有下列情况之一者应立即停运，若有带电的备用变压器，应尽可能先将其投入运行：

3.1.2.1 变压器声响明显增大，内部有爆裂声。

3.1.2.2 套管有严重的破损和放电现象。

3.1.2.3 运行温度急剧上升。

3.1.2.4 变压器冒烟着火。

3.1.3 当发生危及变压器安全的故障，而变压器的有关保护装置拒动时，值班人员应立即将变压器停运。

3.1.3.1 核对温度测量装置。

3.1.3.2 检查变压器冷却装置或变压器的通风情况，当环境温度升高时，应检查变压器温升，必要时采取措施。

A. 若温升的原因是由于冷却系统的故障，且在运行中无法修理者，应将变压器停运修理；若不能立即停运修理，则值班人员应按现场规程的规定，调整变压器的负载至允许运行温度下的相应容量。

B. 在正常负载和冷却条件下，变压器温度不正常并不断上升，且经检查证明温度指示正确，则认为变压器已发生内部故障，应立即将变压器停运。

3.1.4 变压器跳闸和着火的处理。

变压器跳闸后，应立即查明原因。如综合判断证明变压器跳闸不是由于内部故障所引起的，可重新投入运行。

3.2 断路器的不正常运行和事故处理。

3.2.1 值班人员在断路器运行中发现任何不正常现象时（如气压下降或有异声，分、合闸位置指示不正确等），应及时予以消除，不能及时消除的应报告上级领导和甲方有关领导，并记入运行记录簿和设备缺陷记录簿内。

3.2.2 值班人员发现设备有威胁电网安全运行，且不停电难以消除的缺陷时，应及时报告上级领导和甲方有关领导，同时向供电部门和调度部门报告，申请停电处理。

3.2.3 断路器有下列情形之一者，应申请立即停电处理：

3.2.3.1 套管有严重破损和放电现象。

3.2.3.2 真空断路器出现真空损坏的嗞嗞声、不能可靠合闸、合闸后声音异常、合闸铁芯上升后不返回、分闸脱扣器拒动。

3.2.4 断路器故障分闸后值班人员应立即记录故障发生的时间，停止音响信号，并立即进行"事故特巡"检查，判断断路器本身有无故障。

3.2.5 断路器对故障跳闸实行强送后，无论成功与否，均应对断路器外观进行仔细检查。

3.2.6 断路器故障分闸时发生拒动，造成越级分闸，在恢复系统送电时，应将发生拒动的断路器脱离系统并保持原状，待查清拒动原因并消除缺陷后方可投入。

3.3 电容器的异常运行与故障处理。

3.3.1 当电容器组发生下列情况之一时，应立即退出运行：

3.3.1.1 电容器发生喷油、爆炸或起火。

3.3.1.2 电容器瓷套管发生严重的放电闪络。

3.3.1.3 电容器内部或放电设备有严重的异常声响。

3.3.1.4 连接点严重过热或熔化等。

3.3.1.5 电容器外壳有异常膨胀。

3.3.2 电容器的开关掉闸后，不准强送。保护电容器的熔丝熔断后，允许更换熔丝试发一次，再次熔断未查明原因前，不准更换熔丝送电，电容器有击穿现象应更换电容器。电容器组因内部元件故障掉闸后，在未拆除故障电容器前，禁止重新合闸送电。

3.3.3 电容器组发生故障拆除（无备品替换）时，各项应均衡拆除，以保持三相平衡。拆除容量最多不能超过电容器总容量的 20%，且有串联电抗器时不能拆除。

3.3.4 电容器组发生事故进行处理时，应先对全组电容器进行人工放电，其次对每台电容器进行逐个放电，然后再开始排除故障工作。

3.3.5 装有功率因数自动补偿控制器的电容器组，当自动装置发生故障时，应立即退出运行，并应将电容器组的自动投切改为手动，避免电容器自动装置故障，频繁投切。

3.4 低压配电装置异常运行及事故处理。

3.4.1 低压母线和设备连接点超过允许温度时，应迅速停下次要负荷，以控制温度上升，然后再停缺陷设备进行检修。遇异常现象时，除做紧急停电外，应报告电气上级主管。

3.4.2 各种电器触头和接点过热时，应检查触头压力或接触连接点紧固程度，消除氧化层，打磨接点，调整压力，拧紧连接处。

3.4.3 电磁铁噪声过大，应检查铁芯接触面是否平整、对齐，有无污垢、杂质和铁芯锈蚀，检查短路环有无断裂，检查电源电压是否降低等，然后采取检修措施。

3.4.4 低压电器内发生放电声响，应立即停止运行，取下灭弧罩或外壳，检查触头接触情况，并摇测对地及相间电阻是否合格。

3.4.5 如灭弧罩或灭弧栅损坏或掉落，即便是一相，均应停止该设备运行，待修复后方准使用。

3.4.6 三相电源发生缺相运行或电流互感器二次开路时，应及时停电进行处理。

3.4.7 使用不同型号空气断路器发生越级掉闸时，应校验定值配合是否正确。

3.5 电动机异常运行与事故处理。

3.5.1 运行中的电动机发生下列情况应立即切断电源，停止运行：

3.5.1.1 运行中发生人身事故。

3.5.1.2 电动机发出响声、发热的同时，转速急速下降。

3.5.1.3 电动机启动设备冒烟、冒火，电动机所拖动的机械发生故障。

3.5.1.4 电动机温度或轴承温度猛增，电流值超过铭牌值。

3.5.1.5 电动机运行中电流猛增，电流值超过铭牌值。

3.5.1.6 电动机发生缺相运行。

3.5.1.7 电动机发生剧烈振动或撞击、扫膛。

3.5.2 电动机发生故障后，应按下列步骤进行检查：

3.5.2.1 检查电源电压是否正常。

3.5.2.2 检查断路器和启动设备是否正常。

3.5.2.3 检查电动机所驱动的机械运转是否正常。

3.5.2.4 电动机本身发生故障时，应卸下接线盒进行检查。

3.5.2.5 检查轴承是否损坏，润滑油是否干枯、变质或缺油。

3.5.2.6 打开电动机端盖，检查绕组有无焦痕，并检查转子铜条是否断裂。

3.5.3 电动机启动故障的判断如下：

3.5.3.1 定子回路一相断线。

3.5.3.2 转子回路断线或接触不良。

3.5.3.3 在电动机中或被传动机械中有无卡住情况。

3.5.3.4 电源电压过低，电动机转矩减少，启动困难。

3.5.3.5 电动机转子与定子铁芯相摩擦。

3.5.3.6 电源频率是否正常，变频控制设备是否正常。

3.6 运行电工应急处理程序。

3.6.1 电源有电、电源断路器掉闸时应按下列程序处理：

3.6.1.1 各支路断路器的继电保护装置均未动作，应详细检查设备，排除故障后方可恢复送电。

3.6.1.2 支路断路器的继电保护装置已动作，不论掉闸与否，可按越级掉闸处理。

3.6.2 电源无电时按下列程序处理：

3.6.2.1 电源断路器的继电保护装置已动作而未掉闸者，应立即打开电源短路器。检查设备，查明故障点，待故障排除后，电源有电时方可恢复送电或倒用备用电源供电。

3.6.2.2 无故障，可倒用备用电源，但应先拉开停电路的断路器，后合备用电源短路器。

3.6.2.3 要做好掉闸时间、供电时间记录。并向主管领导汇报事故经过；部门主管领导也要向业主有关领导和经理部领导汇报事故经过。

3.6.2.4 值班员待发电正常后要向供电部门咨询突然停电原因，并将咨询人员姓名、时间、原因等做好记录。

3.6.3 接到倒闸通知后值班员的工作程序：

3.6.3.1 值班员接到供电部门倒闸通知后，首先要做好通知记录，倒闸时间、开关号。然后向项目经理或公司值班领导汇报（周休日），同时项目经理必须在当日内向甲方领导汇报。协商安排倒闸时间，倒闸时尽量避开用电户工作时间。

3.6.3.2 倒闸时先断开低压电容器及低压负荷开关。线断开要停电路的电源开关，然后合备用路开关。倒闸时要执行"配电室倒闸操作制度"。

3.6.4 过渡外电源突发停电处理程序。

3.6.4.1 值班员首先查看进线柜带电显示器指示灯有无指示，如无指示，要立即将运行变压器两则开关断开。防止突然来电时出现危险。

3.6.4.2 检查室外跌落保险是否正常，如两相跌落要检查室内高压电气设备是否正常，如正常更换熔丝后方可试送电，如一相跌落可直接更换熔丝。

室外跌落保险无故障，用电话与供电有关部门取得联系咨询情况，做好记录。并向工程部经理或公司值班领导汇报事情经过和咨询结果。工程部经理要及时向业主有关领导及时汇报事情发生经过。

3.6.4.3 停电时间值班员坚守岗位，用电话时长话短说，以免有急事电话无法打入。

3.6.4.4 来电后值班员要先看清楚电压，待电压平稳后再按"配电室停送电制度"按送电程序稳妥把电送出。遇此情况时，变压器必须充电 3 分钟后，待低压电压完全正常后才能送至用户（值班员要增加巡视次数）。

3.6.5 站内由于事故隐患需要停电紧急处理。

3.6.5.1 由于电气元件产品质量或过负荷使用，检查不到位等引起事故隐患需要紧急处理时，值班员首先向项目经理汇报，项目经理同时向业主有关领导汇报（时间为 20 分钟内）。再次根据情况降低负荷，待负荷减轻后将故障设备退出运行，进行检修。

3.6.5.2 由于电气元件产品质量或长期过负载使用，如负荷开关应器故障时，值班员首先向工程部经理汇报。根据情况将负荷降低待开关冷却后方可操作，将其退出运行或使用上一级负荷开关将此路退出运行。

3.6.6 事故处理完毕后认真填写事故报告，报告由工程部经理填写（根据

63

值班员记录）。报经商业广场管理公司，再由商业广场管理公司对业主汇报事故经过和处理结果。

3.6.7 事故报告要一式三份，业主、商业广场管理公司办公室和工程部各一份。

3.6.8 一般事故三天内处理完毕，较大事故或重大事故在一周内处理完毕。

4 支持性文件。

4.1 《设备管理制度》。

4.2 《商业广场管理公司制度汇编》。

七 高压运行值班记录表

商场工程部（专用表12）　　　　　电气主管签字：　　　　　年 月 日 星期

时间	10KV1#(主进线) 电压KV	电流A	有功表底	无功表底	1#B 绕组温度℃ a	b	c	电流A	有功表底	2#B 绕组温度℃ a	b	c	电流A	有功表底	母线 电流表A	3#B 绕组温度℃ a	b	c	电流A	有功表底	4#B 绕组温度℃ a	b	c	电流A	有功表底	10KV1#进线(备用) 电压KV	电流A	有功表底	无功表底	附录	运行记录
1																														变压器型号：(1#~4#) SC—1600/10	晚班：
2																														容量：1600/2400KVA	
3																														电压：1000/400V	
4																														电流：924/139/2309/3464A	
5																															
6																														冷却方式 AV 或 AF	
7																															
8																															
9																															
10																														电压互感器：	
11																														变比型号	
12																														10KV/100V	
13																														JDZ—10	
14																															早班：
15																															
16																															

续表

时间	10KV1#（主进线）				1#B		2#B			母线	3#B			4#B			10KV1#进线（备用）				附录	运行记录
	电压 KV	电流 A	有功表底	无功表底	绕组温度℃ a b c	有功表底	绕组温度℃ a b c	有功表底	电流 A	电流表 A	绕组温度℃ a b c	有功表底	电流 A	绕组温度℃ a b c	有功表底	电流 A	电压 KV	电流 A	有功表底	无功表底		
17																					高压进线总柜：	中班：
18																					电流互感器：	
19																					变比型号	
20																					200A/5A	
21																					LZZQB6—10	
22																					200/5，0.5/B	
23																						
24																						
日用电量小计	有功电度			无功电度																		

八 低压运行值班记录表

商场工程部（专用表13）　　　年　月　日　星期　班次

夜班：

早班：

时间	1#B 电流(A) A B C	电压(V)	电容补偿 cosφ	电容补偿 电流(A)	2#P 电流(A) A B C	电压(V)	电容补偿 cosφ	电容补偿 电流(A)	3#B 电流(A) A B C	电压(V)	电容补偿 cosφ	电容补偿 电流(A)	1#B 电流(A) A B C	电压(V)	电容补偿 cosφ	电容补偿 电流(A)	直流屏 电压 V	直流屏 电流 A
1																		
2																		
3																		
4																		
5																		
6																		
7																		
8																		
9																		
10																		
11																		
12																		
13																		
14																		
15																		
16																		

负荷曲线

负荷电表

2700　2400　2100　1800　1500　1200　900　600　300

0　4　8　12　16　20　24　小时

续表

班次：　　　　中班：

时间	1#B 电流(A) A	B	C	电压(V)	电容补偿 电流(A)	cosφ	2#P 电流(A) A	B	C	电压(V)	电容补偿 电流(A)	cosφ	3#B 电流(A) A	B	C	电压(V)	电容补偿 电流(A)	cosφ	1#B 电流(A) A	B	C	电压(V)	电容补偿 电流(A)	cosφ	直流屏 电压(V)	电流(A)
17																										
18																										
19																										
20																										
21																										
22																										
23																										
24																										

负荷曲线：

本日最大电流：动力侧　　　A
　　　　　　　照明侧　　　A

本日最小电流：动力侧　　　A
　　　　　　　照明侧　　　A

本日电压最高　　　V
　　　　　最低　　　V

每次抄表时，需将动力侧、照明侧负荷与时间的对应点描在坐标图上，负荷曲线（动力、照明两条）由中班人员完成，同时填写要求的电流、电压参数。

电气主管签字：

九 配电设备定期（月/年）检查表

检查类别： 星期

No.

序号	设备名称	年 检		检查人	备注
		月 检			
		开关、接触器接点是否烧损、毛刺激接线螺丝是否松动	用气泵全面清洁配电设备		
1	动力 1# 柜				
2	动力 2# 柜				
3	动力 3# 柜				
4	动力 4# 柜				
5	动力 5# 柜				
6	动力 6# 柜				
7	动力 7# 柜				
8	动力 8# 柜				
9	动力 9# 柜				
10	动力 10# 柜				
11	照明 1# 柜				
12	照明 2# 柜				
13	照明 3# 柜				
14	照明 4# 柜				
15	照明 5# 柜				
16	照明 6# 柜				
17	照明 7# 柜				
18	照明 8# 柜				
19	照明 9# 柜				
20	照明 10# 柜				
21	照明 11# 柜				
22	照明 12# 柜				
23	照明 13# 柜				
24	照明 14# 柜				
25	照明 15# 柜				
26	高压 1# 柜				

续表

序号	设备名称	年 检		检查人	备注
		月 检			
		开关、接触器接点是否烧损、毛刺激接线螺丝是否松动	用气泵全面清洁配电设备		
27	高压 2# 柜				
28	高压 3# 柜				
29	高压 4# 柜				
30	高压 5# 柜				
31	高压 6# 柜				
32	高压 7# 柜				
33	高压 8# 柜				
34	高压 9# 柜				
35	高压 10# 柜				
36	高压 11# 柜				
37	高压 12# 柜				
38	直流屏 1# 柜				
39	直流屏 2# 柜				
40	1# 变压器				
41	2# 变压器				
42	3# 变压器				
43	4# 变压器				

专业主管：　　　　　　　　　　　　　　　　　　　　　　　　日期：

十 发电机定期（周/半月）检查保养表

检查类别：

星期

年 月 日

周期		检查保养项目	检查保养结果	备注
半月检	周检	清洁机房机体		
		电池充电电流		
		机油油位，燃油供应系统是否正常		
		目检发电机有无损坏渗漏，皮带是否松弛磨损		
		电池液位，冷却水位		
		启动发电机 30 分钟观察有无异响		
		补加风机润滑油（每月 15 日）		

专业主管：　　　　检查人：　　　　日期：

第三部分　监控中心、通讯设备管理

一　弱电系统设备管理规程

1　本规定用于规范商场各弱电系统的操作运行及维修保养，确保弱电系统设备处于良好的运行状态。

2　弱电系统设备的运行管理。

2.1　弱电系统设备日常巡查。

2.1.1　设备责任人每周对责任区域内的无线电对讲系统设备和智能化系统设备（闭路监控、防盗报警、电话、网络、停车场等设备）的运行状况进行巡视性检查，并将巡视、检查情况记录在《工作日志》内。

2.1.2　消防中心值班人员负责对弱电系统（包括智能化各系统）进行24小时的监控，并将运行情况记录在《消防中心值班记录表》上。如有异常情况立即通知设备责任人（或工程部经理）进行处理，对电视、电话、网络等系统只负责监护责任，发现问题直接通知设备责任人（或机电工程部值班主管）或相关专业公司进行处理。

3　弱电系统设备操作规程。

3.1　智能化系统操作规程。

智能化系统之防盗报警等管理电脑保持24小时运行，且各管理电脑严禁作其他使用。

3.1.1　闭路监控管理系统可以对摄像机图像进行循环切换、多（单）画面显示、云台控制等多种操作，具体操作详见其使用说明书。

3.1.2　无线电对讲系统：按照对应的说明书进行操作与使用。

3.2　内部电话系统：按照对应的说明书进行操作与使用。

4　弱电系统设备的维修与保养。

4.1　按照管理规程上"维修"和"保养"的要求进行。

4.2 对于弱电系统设备之有线电视、电话机宽带网络系统设备，设备责任人只负责对其运行情况进行监控，发现问题后，立即通知相关专业单位进行维修处理。

二 火灾报警控制系统维保标准作业规程

1 喷淋系统报警阀的维护管理。

1.1 湿式报警阀的维护管理。

A. 报警阀必须定期检查，检查的方法是打开警铃校验旋塞，30 秒内警铃将发出铃声警报。如果警铃不发出铃声则必须检查通向警铃的过滤器，排出其水垢、泥沙及污物，使水流畅通，防止报警失灵。

B. 若将警铃校验旋塞关闭后，警铃仍继续发出声响，则可能发生以下三种故障，应及时排除：（a）校验旋塞未完全关紧，应关紧旋塞；（b）在报警阀座环形水槽上积聚障碍物，致使阀瓣关闭不严漏水，必须清除障碍物；（c）报警阀瓣下的橡胶垫老化或皱褶，必须更换橡胶垫。

1.2 干式报警阀的维护管理。

A. 正常时干式报警阀上面压缩空气的压力必须高于水压能顶开阀瓣的压力，如果出现压缩空气的压力有不断下降的趋势，必须对整个管道进行一次细致的检查，并进行维护。

B. 干式报警阀应在非严寒季节进行顶开试验。具体方法是将试验阀缓慢开启，注意气压表上的指针。随着压力逐步下降，指针慢慢落下，当气压表指针突然从下降转为上下摆动，警龄应发出鸣响，表示干式报警已被顶开。此时，必须立即打开排水阀，同时关闭总闸阀，以阻止水流进入管道内部。如发现干式报警阀未被顶开或顶开的动作迟缓，应拆开仔细检查，其原因可能有以下几种：（a）阀瓣因沉淀物或锈蚀失去灵活性；（b）橡皮垫片老化粘在阀座上；（c）干式报警阀上部积水过多，影响开启；（d）弹簧失去弹性，影响开启。拆开检修后，应针对故障原因，采取相应措施，如清除积垢和更换有关零件。在检修完毕后，排出管系内的积水，恢复干式报警阀正常工作。

2 季度试验和检查。

2.1 按生产厂家说明书的要求，用专用加烟（和加温）等实验器材分期分批试验探测器的动作是否正常，确认信号灯显示是否清晰，实验中发现有故障过时效的探测器应及时更换。

2.2 试验火灾报警装置的声、光显示是否正常。在实际操作实验中，可一次全部进行试验，也可部分进行试验。试验前一定要做好妥善安排，以防造成不应有的恐慌或混乱。

2.3 自动喷淋灭火系统管网上的水流指示器、压力开关等是自动控制喷淋系统启动和报警信号的装置，应试验它们的自动控制功能、报警功能、信号显示是否正常。

2.4 对备用电源进行 1~2 次充放电试验，1~3 次主电源和备用电源自动转换试验，试验其功能是否正常，具体实验方法：切断主电源，看是否自动转换到备用电源供电，备用电源指示灯是否亮灯，4 小时后，再恢复主电源供电，看是否自动切换，再检查一下备用电源是否正常充电。

3 每半年对电缆、接线盒作直观检查，清理尘埃。

4 感温、感烟探测器投入运行一年后，每隔三年必须由专业清洗单位（包括具有清洗能力和获得当地消防监督机构认可的单位）全部清洗一遍。清洗后做相应探测值及其他必要的功能试验，试验不合格的探测器一律报废，并严禁重新安装使用。损坏的探测器必须使用与原型号或技术参数相同的代替品替换。清洗时，可分期分批进行，也可一次性清洗。

三 消防控制中心管理规程

1 消防控制中心人员应熟悉安保监控、消防报警等设备的技术性能及操作方法，熟悉各部门、各楼层消防设备的分布情况。

2 消防控制中心实行每日 24 小时专人值班制度。监控员要认真观察监视部位，当在监视屏上发现可疑的情况和受监控对象时，应及时进行跟踪切换录像，并通报各有关岗位采取必要措施；严格执行交接班制度，填好值班记录。

3 各控制柜、显示屏、信号灯、控制线路等的运作应始终处于良好状态，各类操作按钮手柄应在自动位置。

4 每班各检查一次各类信号是否正常，并认真记录，如有异常要立即查清原因。

5 消防控制中心出现报警信号后，应立即核实。如属误报，应消除信号并要查明原因做好记录；如属火灾报警，应迅速通知相关部门组织灭火，同时做记录。

6 消防控制中心内的一切设备、设施、元器件、线路不得随意更改；如有损坏，要查明原因，立即报告领导，经批准后及时更换。

7 禁止吸烟，保持室内整洁卫生；消防器材应齐备良好，各类设备无灰尘，不堆放杂物。

8 无关人员进入监控中心应立即劝其离去并记录工号，领导进入应在值班表上做好记录，要热情礼貌地应答各方面的电话。

四 弱电专业巡检记录表

商场工程部：　　　　　　　　　　　　　　　　　　　年　月　日　星期

No.

巡检记录	
巡检提示	通讯设备、监控系统、背景音乐、投影电视、音乐喷泉柜、楼宇自控系统、空调自控箱
备注	

巡检人：　　　　　　　　　　　专业主管签字：

五　消防中心值班记录

单位：　　　　　　　　　　　　　　　　　　　　　　　年　月　日

班次	早班 08:00~16:00	中班 16:00~0:00	晚班 0:00~08:00
值班人			
报警电话及对讲			
控制柜检查			
气体灭火控制器			

	序号	班次	报警时间	地点	报警类别	情况检查	处理过程及结论	值班人
报警记录	1							
	2							
	3							
	4							
	5							
	6							
	7							
	8							
	9							

六 中控室消防设备监控运行记录表

第 页

日期			星期	时间		报警或故障信号	位置	编号	设备运行状态（包括联动信号及报警故障处理情况）	记录人
年	月	日		时	分					

第四部分　电梯设备管理

一　电梯系统管理规程

1　为规范电梯系统的管理，确保电梯运行安全和性能处于良好状态，特制定本规定。

2　电梯安全运行管理规程。

2.1　电梯设备责任人每天对电梯进行一次巡查，填写《电梯日巡视检查记录表》，发现问题及时处理或联络电梯维保公司处理。

2.2　消防中心值班员24小时对电梯运行情况进行监控，发现异常情况时，应及时通知电梯设备责任人或电梯维保公司进行处理，并在《消防中心值班记录表》内做好记录。

2.3　消防中心值班员通过闭路电视观察轿厢内状况，如发现故障被困人，先用对讲电话安慰被困人员，然后立即通知电梯管理员赶赴现场及时处理，必要时联系电梯维保公司处理；如发现乘客有不文明行为（吸烟、打斗、损坏电梯部件等），则用对讲电话向乘客发出警告，并做好录像或通知安全员处理；严禁乘客携带易燃、易爆等危险品或超长、超重等物品进入电梯。

3　电梯使用管理规程。

3.1　电梯不设司机操作，由乘客自选操作，实行24小时运行。

3.2　客梯以承载进出商城人员为主。

3.3　消防梯、货梯以承载商城进出货物为主。

4　维修及保养。

4.1　电梯设备责任人负责电梯设备的日常保养，并配合、检查、督促电梯维保公司按《电梯保养合同》对电梯做好月、季、年的定期保养工作，并按合同规定填写相应的维修保养记录。

4.2　电梯设备责任人负责检查电梯维保公司的维修保养质量和记录情况。

4.3　当电梯年检日期接近时，设备责任人应督促维保公司做电梯年检，并监督其完成各项整改工作，确保取得电梯准运证。

4.4　自维修、保养等原因造成停梯，应做好安全防护，并在首层及工作层放置警告牌（如需打开楼层门工作，还必须设置防护围栏）。

4.5　当电梯发生困人时，按"电梯困人故障救援程序"执行，电梯管理员到达现场的时间应不超过 15 分钟。

二　电梯维保、运行安全技术操作规程

1　目的。

保证电梯及辅机设备运行完好，加强对电梯的维护及对电梯操作、维修人员的管理，确保为客户提供安全、舒适的优质电梯服务。

2　适用范围。

适用于电梯操作员、维保工和电梯设备。

3　电梯维修操作规程。

按照电梯的内容和要求，安排好日、月、季、年的保养项目计划，按时按项目逐一完成，不漏项，保证质量。

3.1　维护修理前，轿厢内入口处悬挂"检修停用"牌。

3.2　检修电气设备时，应切断电源或采取适当的安全措施。

3.3　一个人在轿顶上检修工作时，必须按下轿顶急停按钮及检修开关或切断电源。

3.4　工作时必须穿工作制服，戴安全帽，穿绝缘鞋。

3.5　给转动部位加油、清洗或观察钢绳的磨损情况时，必须停止使用电梯并且切断电梯电源。

3.6　人在轿顶工作时，脚下不能有油污，以防滑倒。

3.7　严禁在井道内和轿顶上吸烟。

3.8　必须带电操作或不能完全切断电源时，必须有预防触电及防电梯突然起动措施，并且须二人以上操作。

3.9　使用的行灯必须带防护罩，电压为 36 伏以下。

3.10　严禁任何人站在井道外探身到井道内以及两脚分别站在轿顶和厅门地板上进行长时间的检修工作。

3.11　进入底坑后，必须将急停开关或电源断开。

3.12　维修完毕后，必须清洁工具及清理现场。

3.13　电梯保养工作中"五要"、"二定"的工作内容：

3.13.1　设备要完好干净（包括电器元件、门安全触板、钢带、限速器、控制柜、轿厢、底坑等）。

3.13.2　安全装置动作要灵敏可靠，不允许超限使用。

3.13.3　要保证润滑部位有油（曳引机、电动机、限速器等）。

3.13.4　要整机性能好，不带病运行。

3.13.5　要维修及时，一般故障不过夜。

3.13.6　"二定"的内容是"一定时间、二定项目"。

4　电梯正常运行工作流程。

内容包括正常运行工作流程、发生事故操作流程。

4.1　正常运行工作流程。

4.1.1　货梯每天 07：00~20：00 正常开放。

4.1.2　货梯平时不用时应处于关闭状态；当客户需用电梯运送货物时，由电梯员直接提供服务。

4.1.3　正常工作时间之外如客户需用电梯运送货物时，由客户通知保安人员，再由保安人员通知电梯工操作货梯。整个流程不应超过 15 分钟。

4.1.4　当运送货物结束后，电梯应停在原始位置，并打扫干净保持电梯全天整洁。

4.2　发生事故操作流程。

4.2.1　当电梯遇故障巡视保安员应立即按下各层指示灯，以用来告之楼内人员禁止使用或操作电梯，确保楼内人员安全。

4.2.2　之后，马上用对讲机或电话通知电梯维修工和项目负责人，并守候在现场，直至有相关人员来修理，并协助修理电梯。

4.2.3　确认故障排除后，应由工程部值班主管首先通知商城管理公司有关人员电梯已经可以正常使用。

4.2.4　事故处理完毕后，电梯专业主管应认真查找事故原因。由电梯操作员的失职造成的电梯损坏，由责任人负责。并由专业主管或值班主管和当事人一同向受影响方赔礼道歉，解释原因。因此而造成的经济损失由责任人索赔，同时视情节严重给予责任人相应的处罚。

4.2.5　事情处理完毕后，由当事人或工程部经理填写《电梯事故处理情况登记表》，交受影响方和商城管理公司各一份存档。

三 电梯预检保养作业指导书

1 目的。

保证电梯及辅机设备运行完好，加强对电梯的维护及对电梯操作、维修人员的管理，确保为客户提供安全、舒适的优质电梯服务。

2 适用范围。

适用于电梯操作员和电梯设备。

3 电梯日常预检及保养制度。

3.1 每天观察电梯的运行情况（上下运行、换速、开门、平层等）。

3.2 每日机房巡视时，必须检查曳引机各传动部位状况。

3.3 检查电动机和曳引机减速箱油位是否符合要求。

3.4 检查控制柜、配电柜及其他电气设备的端子有无松动烧坏现象。

3.5 检查断路器、接触器各触点有无打火、拉弧现象。

3.6 检查各接地点是否符合要求。

3.7 检查各内选、外选按钮工作情况是否灵敏。

3.8 检查限速器工作运行情况，及时加油。

3.9 检查安全保护装置的各种安装参数和动作试验状态是否符合标准。

3.10 检查轿厢照明和风扇。

3.11 检查各指示灯，更换损坏的部件。

3.12 检查消防梯的消防功能。

3.13 每月检查井道位置传感器等。

3.14 每月检查轿顶检修开关机上、下强迫换速开关。

3.15 每月检查并调整钢丝绳张力。

3.16 每月清洁机房、清扫轿顶及底坑卫生。

3.17 每月检查缓冲汽油位及复位情况。

3.18 每月检查井道随行电缆。

3.19 每月检查平衡链悬挂及转动情况。

3.20 每月检查厅轿门相关尺寸，并作相应的调整。

3.21 每月检查及调整制动器的制动力矩及制动器闸瓦工作状况。

3.22 每月检查、调整开关门机构及上、下端的换速、限位开关，使其位置正确，功能可靠。

3.23　每月电梯整机性能的调整检查，必须有记录，并存档。

4　电梯定期保养项目。

内容包括：基本保养项目、保证保养项目、每半年保养项目、每一年保养项目。

4.1　基本保养项目。

4.1.1　控制屏清洁检查（各接触器、继电器、电阻、电容工作正常，接线牢固）。

4.1.2　曳引机的检查、清洁、润滑，减速箱无渗漏油及日常声响。

4.1.3　各层厅门、滑块的检查，调整，清洁，润滑；底坑，轿顶及机房应整洁；各层门锁限位可靠性。

4.1.4　轿门和自动门机动的检查，调整，清洁；厅门地坎滑槽内无异物。

4.1.5　操纵箱各开关按钮，信号灯，指示灯工作正常；到站钟，电话工作正常。

4.1.6　确认平层误差在规定范围内。

4.1.7　各层召唤按钮，指示灯完好无损；各层楼指示正常。

4.1.8　厅外开关门灵活可靠，消防开关工作正常。

4.2　保证项目。

4.2.1　涨紧轮（离地距离，清洁加油，断绳开关间隙）。

4.2.2　对生缓冲距，轿厢缓冲距检查，对重防护栏补偿链连接可靠，运行正常。

4.2.3　上下限位开关动作可靠性的检查。

4.2.4　安全前间隙的检查、调整，清洁，开关动作正常。

4.2.5　底坑安全开关工作正常。

4.2.6　液压缓冲器油位的检查，限位开关动作的检查。

4.2.7　厅门轿门机电连锁开关动作可靠性的检查。

4.2.8　厅门轿门导轨的检查，清洁、润滑。

4.2.9　安全触板动作灵活，开关接线可靠。

4.2.10　光电保护，超声波保护装置正常。

4.2.11　轿顶安全窗、检修箱、感应器工作正常。

4.2.12　限速器铅封完整，开关动作正常。

4.2.13　制动器动作灵活，维持电压正常，间隙调整，轴销加油润滑。

4.2.14　极限开关动作正常。

4.2.15　紧急停靠装置（MELD）工作正常。

4.3　每半年保养项目。

4.3.1 电动机，曳引机的检查。

4.3.2 主副导靴及靴衬的检查。

4.3.3 各导轨支架连接螺栓的检查。

4.3.4 钢丝绳张力的检查。

4.3.5 轿顶轮、对重轮及导向轮的检查，清洁、润滑。

4.3.6 曳引轮绳槽及钢丝绳磨损程度的检查。

4.4 每年保养项目。

4.4.1 电动机，曳引机换油。

4.4.2 制动器铁芯拆洗调整。

4.4.3 清洁轨道。

4.4.4 各安全装置动作的检查调整。

4.4.5 轿厢，对重缓冲距离的检查调整。

四 电梯应急事故处理作业指导书

1 目的。

保证电梯及辅机设备运行完好，加强对电梯的维护及对电梯操作、维修人员的管理，确保为客户提供安全、舒适的优质电梯服务。

2 适用范围。

适用于电梯操作员和电梯设备。

3 电梯事故援救措施。

凡遇电梯故障，必须首先通知维修人员，如果电梯维修人员超过 15 分钟未到达，则需使用受过训练的救援人员。下列情况，先行释放被困人员。

3.1 轿厢停于接近电梯厅门口的位置，且高于与低于不超过 50 厘米。

3.1.1 确定顶轿厢所在位置（根据楼层指示灯或小心打开外门查看），并关断电源。

3.1.2 用专用外门钥匙打开厅门。

3.1.3 用人力开启轿厢门。

3.1.4 助乘客离开轿厢。

3.1.5 重新把厅门关妥。

3.2 轿厢远离厅门位置时，必须先将轿厢移动至邻近电梯门口，然后按上述步骤救出乘客。移动方法如下：

3.2.1　利用轿内电话和其他方法，通知乘客，保持镇定，并说明轿厢随时可能移动，不可将身体任何部位探出厢外，以免发生危险，如轿厢门处于半关闭状态，则必须先将其完全关闭。

3.2.2　进入机房，关闭故障电梯之电源。

3.2.3　拆除主机主轴端盖，安上旋转柄。

3.2.4　两个救援人员各持旋转柄一端，另一救援人员手持松闸扳手，轻轻敲开机械松闸，轿厢将会由于自重而移动，为避免轿厢上升或下降速度太快发生危险，操作时应断续动作（一撬一放）使轿厢逐步移动，直至最接近厅门为止（可根据钢丝绳上楼层标志），操作时注意，如轿厢停于最高层电梯门以上位置或最下层电梯门以下位置时，救援人员必须手持旋转柄并用力磐绞使轿厢向正确方向移动。

3.3　遇到其他复杂情况，应等待电梯维修人员到达处理。

五　升降梯（月/季/年）定期检查表

检查类别：　　　　　　　　　　　　　　　　升降梯编号：

No.

周　　期			检查项目	检查结果	处理措施
年	季	月	导轨润滑检查，油杯补油		
			各厅门电气、机械连锁检查调整		
			井道顶、底急停减速强迫减速行程开关检查		
		检	安全钳、安全窗开关检查		
			轿门安全触板检查		
			电梯运行平层检查		
			曳引机导向轮运行状况检查		
			厅、轿门导靴检查调整		
			电气控制接触器吸合情况检查		
			继电器动作检查		
			保险、电阻、电容等元件外观检查		
	检		各插线口接线端检查		
			井道轿顶清理		
检			安全钳动作实验		
			各厅门回路动作实验		
			抱闸磁芯润滑、调整		
			主机运行状况检查		
			减速机润滑调整		
			主钢绳及限速器状况检查		
			主机轴承检查		

专业主管：　　　　　　　　检查人：　　　　　　　　日期：

六 电扶梯（月/季/年）定期检查表

检查类别：　　　　　　　　　　　　　　　　　　扶梯编号：

No.

检查周期			检查项目	检查结果	处理措施
年	季	月	主驱动链大链检查、长度调整		
			扶手带过渡链驱动链检查、长度调整		
			油杯补油，油泵油管检查		
			主机运行状态检查		
			梯级及扶手带运行状况检查		
		检	急停及各安全微动行程开关灵敏度检查调整		
			上下机械室噪声检查		
			梯级护板、照明、玻璃安全指示贴、整梯外观检查		
	检		主副导轨磨损情况检查		
			梯级轮磨损情况检查		
			刹车间隙检查调整		
检			所有轴承检查润滑		
			所有相对运动工作面检查调整		
			所有电气控制系统检查		
			所有润滑系统检查补油		

专业主管：　　　　　　检查人：　　　　　　日期：

第五部分　中央空调设备管理

一　中央空调维保标准作业规程

1　目的。

规范中央空调维修保养工作，确保中央空调各项性能完好。

2　适用范围。

适用于商场内各类中央空调的维修保养。

3　主要内容。

3.1　《中央空调维修保养年度计划》的制订。

3.1.1　每年的 12 月 15 日之前，由空调主管组织制冷技工一起研究，制订《中央空调维修保养年度计划》并上报公司审批。

3.1.2　制订《中央空调维修保养年度计划》的原则。

A. 中央空调使用的频度。

B. 中央空调运行状况（故障隐患）。

C. 合理的时间（避开节假日、特殊活动日等）。

3.1.3　《中央空调维修保养年度计划》应包括如下内容：

A. 维修保养项目及内容。

B. 具体实施维修保养的时间。

C. 预计费用。

D. 备品、备件计划。

3.2　对中央空调进行维修保养时应按《中央空调维修保养年度计划》进行。

3.3　制冷技工负责中央空调的日常维修保养、中央空调的大型修理及 PC 中央处理器的故障，处理器的故障处理由厂家售后服务。

3.4　冷却塔维修保养：制冷技工每半年对冷却塔进行一次清洁、保养。

3.4.1　用 500 伏摇表检测电机绝缘电阻应不低于 0.5 米，否则应干燥处理电机线圈，干燥处理后仍达不到 0.5 米以上时则应拆修电机线圈。

3.4.2　检查电机、风扇是否转动灵活，如有阻滞现象则应加注润滑油；如有异常摩擦声则应更换同型号规格的轴承。

3.4.3　检查皮带是否开裂或磨损严重，如是则应更换同规格皮带；检查皮带是否太松，如是则应调整（每半个月检查一次）；检查皮带轮与轴配合是否松动，如是则应整修。

3.4.4　检查布水器是否布水均匀，否则应清洁管道及喷嘴。

3.4.5　清洗冷却塔（包括填料、集水槽），清洁风扇风叶。

3.4.6　检查补水浮球阀是否动作可靠，否则应修复（不定期）。

3.4.7　拧紧所有紧固件。

3.4.8　清洁整个冷却塔外表。

3.5　风机盘管维修保养：制冷技工每隔半年对风机盘进行一次清洁、保养。

3.5.1　每月清洗一次空气过滤网，排除盘管内的空气（不定期）。

3.5.2　检查风机是否转动灵活，如有阻滞现象，则应加注润滑油，如有异常摩擦响声则应更换风机轴承。

3.5.3　用 500 伏摇表检测风机电机线圈，绝缘电阻应不低于 0.5 米，否则应整修处理，检查电容有无变形、鼓胀或开裂，如是则应更换同规格电容；检查各接线头是否牢固，是否有过热痕迹，如是则作相应整修。

3.5.4　清洁风机叶、盘管、积水盘上的污物。

3.5.5　用盐酸溶液（内加缓蚀剂）清除盘管内壁的水垢。

3.5.6　拧紧所有紧固件。

3.5.7　清洁风机盘管外壳。

3.6　冷却水泵机组、冷冻水泵机组维修保养：制冷技工每半年对冷却水泵机组、冷冻水泵机组进行一次清洁、保养。

3.6.1　电动机维修保养。

A. 用 500 伏摇表检测电动机线圈绝缘电阻是否在 0.5 米以上，否则应进行干燥处理或修复。

B. 检查电动机轴承有无阻滞现象，如有则应加润滑油，如加润滑油后仍不行则应更换同规格的轴承。

C. 检查电动机风叶有无擦壳现象，如有则应修整处理。

3.6.2　水泵维修保养。

A. 转动水泵轴，观察是否有阻滞、碰撞、卡住现象，如是轴承问题则对轴承加注润滑油或更换轴承；如是水泵叶轮问题则应拆修水泵。

B. 检查压盘根处是否漏水成线，如是则应加压盘根（不定期）。

3.6.3 检查弹性联轴器有无损坏，如损坏则应更换弹性橡胶垫（不定期）。

3.6.4 清洗水泵过滤网。

3.6.5 拧紧水泵机组所有紧固螺栓。

3.6.6 清洗水泵机组外壳，如脱漆或锈蚀严重，则应重新油漆一遍。

3.7 制冷技工每半年对冷冻水管路、送冷风管路、风机盘管管路进行一次保养，检查冷冻水管路、送冷风管路、风机盘管管路处是否有大量的凝结水或保温层已破损，如是则应重做保温层。

3.8 阀类维修保养：制冷技工每半年对阀类进行一次保养。

3.8.1 节止阀与调节阀的维修保养。

A. 检查是否泄漏，如是则应加压填料。

B. 检查阀门开闭是否灵活，如阻力较大则应对阀杆加注润滑油。

C. 如阀门破裂或开闭失效，则应更换同规格阀门。

D. 检查连接处是否渗漏，如是则应拆换密封胶垫。

3.8.2 调节阀、压差调节阀维修保养。

A. 通断电检查电动调节阀、压差调节阀是否动作可靠，如有问题则更换同规格电动调节阀、压差调节阀。

B. 对压差调节阀间阀杆加润滑油，如压填料处泄漏则应加压填料。

3.9 检测、控制部分维修保养：制冷技工每半年对检测、控制部分进行一次保养。

3.9.1 检测器件（温度计、压力表、传感器、麦式真空计）维修保养。

A. 对于读数模糊不清的温度计、压力表、麦式真空计应拆换。

B. 送检温度计、压力表合格后方可再使用。

C. 检测传感器参数是否正常并做模拟实验，对于不合格的传感器应拆换。

D. 检查装检测器的部位是否渗漏，如渗漏则应更换密封胶垫。

3.9.2 控制部分的维修保养。

A. 清洁控制柜内外的灰尘、脏物。

B. 检查、紧固所有接线头，对于烧蚀严重的接线头应更换。

C. 交流接触器的维修保养

——清除灭弧罩内的碳化物和金属颗粒。

——清除触头表面及四周的污物（但不要修锉触头），如触头烧蚀严重则应更换同规格交流接触器。

——清洁铁芯上的灰尘及脏物。

——拧紧所有紧固螺栓。

D. 热继电器维修保养。

——检查热继电器的导线接头处有无过热或烧伤痕迹，如有则应整修处理，处理后达不到要求的应更换。

——检查热继电器上的绝缘盖板是否完整，如损坏则应更换。

E. 自动空气开头的维修保养。

——用 500 伏摇表测量绝缘电阻应不低于 0.5 米，否则应烘干处理。

——清除灭弧罩内的碳化物或金属颗粒，如灭弧罩损坏则应更换。

——清除触头表面上的小金属颗粒（不要修锉）。

F. 信号灯、指示仪表的维修保养。

——检查各信号灯是否正常，如不亮则应更换同规格的小灯泡。

——检查各指示仪表指示是否正确，如偏差较大则应作适当调整，调整后偏差仍较大应更换。

G. 中间继电器、信号继电器的维修保养。

对中间继电器、信号继电器做模拟实验，检查二者的动作是否可靠，输出的信号是否正常，否则应更换同型号的中间继电器、信号继电器；PC 中央处理器、印刷线路板如出现问题，则申请设备厂家售后服务部维修。

二　空调专业应急事故处理作业指导书

1　火灾、水灾。

1.1　值班人员。

当火灾发生时，值班人员应迅速关掉主机及冷冻泵、冷却塔，切断主机及水泵、冷却塔电源，然后参加救火工作。

1.2　巡检维修人员。

当火灾发生时，巡检维修人员应迅速到监控中心，叫消防值班人员开启排烟机及正压送风机，打开防火阀，关掉风柜及新风机、盘管风机等。如果不能自动，应迅速到相关位置手动开启排烟机、正压送风机，打开防火阀，关掉风柜及新风机、盘管风机等。

2　地震。

2.1　值班人员。

当地震发生时，值班人员应迅速关掉主机及冷冻泵、冷却塔，切断主机及水泵、冷却塔电源，锁好机房，迅速撤离到空旷的地带避险。

2.2　巡检维修人员。

当地震发生时，巡检维修人员应迅速到监控中心叫控制操作员关掉所有风机及柜机、盘管风机，通知配电房人员拉掉风机柜机系统电源，然后离开建筑物到空旷地带避险。

三　开利 17TS 离心机运行记录表

商场工程部（专用表 11）设备序号　　　　　　　　　　年　月　日　星期

	抄表时间	时、分	开前														记事	备注
蒸发器	冷冻水进水压力	kPa															气候状况：	
	冷冻水出水压力	kPa															室外温度：	
	冷冻水进水温度	℃															8:00　℃	
	冷冻水出水温度	℃															10:00　℃	
	蒸发器压力	kPa															14:00　℃	
	蒸发器冷煤温度	℃															16:00　℃	
	入气温度	℃																
冷凝器	冷却水进水压力	kPa																
	冷却水出水压力	kPa																
	冷却水进水温度	℃																
	冷却水出水温度	℃																
	冷却器压力	kPa																
	冷却器冷煤温度	℃																
	排气温度	℃																
润滑系统	油缸温度	℃																
	油压	kPa																
	冷却器出油温度	℃																
	油位	U/LC	/	/	/	/	/	/	/	/	/	/	/	/	/	/		
	冷却器入油温度	℃																
压缩机	推力轴承温度	℃																
	导叶开度	度																
	马达电流	A																
	马达电压	V																
	累计运行	时、分																

早班主机运行情况：　　　　　　　中班主机运行情况：

早班值班员：　　　　　中班值班员：　　　　专业主管：

四　冷水机组运行记录表

年　月　日

时间	1# 冷水机组 电流（A）	2# 冷水机组 电流（A）	3# 冷水机组 电流（A）	班次
1				晚班：
2				
3				
4				
5				
6				
7				
8				
9				
10				早班：
11				
12				
13				
14				
15				
16				
17				中班：
18				
19				
20				
21				
22				
23				
24				

主管签字：

五　水泵、冷却塔运行记录表

商场工程部（专用表8）　　　压力单位：kPa　　　电流单位：A　　　　年　月　日

		记录时间													备注
冷却泵	1	运行电流													
		出水压力													
	2	运行电流													
		出水压力													
	3	运行电流													
		出水压力													
	4	运行电流													
		出水压力													
	5	运行电流													
		出水压力													
	6	运行电流													
		出水压力													
	7	运行电流													
		出水压力													
	8	运行电流													
		出水压力													
	9	运行电流													
		出水压力													
	10	运行电流													
		出水压力													
	11	运行电流													
		出水压力													
	12	运行电流													
		出水压力													
冷却塔	1	运行电流													
	2	运行电流													
	3	运行电流													

早班值班员：　　　　中班值班员：　　　　交接班时间：　　　　专业主管：

六　空调主机（周/月/年）定期检查保养表

检查类别：　　　　　　　　　　　　　　　　　　　　　　星期

No.

周　期		检查保养项目	冷冻机编号	检查保养结果	备　注
年 检	月 检	周 检 清洁主机	1		
			2		
			3		
		检查机组是否泄漏	1		
			2		
			3		
		主电机轴承补充润滑油	1		
			2		
			3		
	更换过滤网		1		
			2		
			3		
	检查各项保护装置及电气装置		1		
			2		
			3		

专业主管：　　　　　　　　检查人：　　　　　　　　日期：

七 空调柜机（周/月/年）定期检查保养表

检查类别：　　　　　　　　　　　　　　　　　　　星期

No.

序号	设备名称	柜机是否漏水（周检）	出风阀门、电磁阀工作情况（周检）	清洁机房设备（月检）	清洗过滤网（月检）	检查电气设备（年检）	清洗表冷器（年检）	检查出风管出风软连接头（年检）	备注
1	B1K1								
2	B2K2								
3	1K1								
4	1K2								
5	1K3								
6	1K4								
7	1K5								
8	1K6								
9	2K1								
10	2K2								

专业主管：　　　　　　　检查人：　　　　　　　检查日期：

八　冷却塔（月/年）定期检查保养表

检查类别：　　　　　　　　　　　　　　　　　　　　　星期

No.

周期		检查保养项目	冷却塔编号	检查保养结果	备注
年检	月	检查齿轮箱油位、不足时补足/更换	1		
			2		
			3		
	检	清洁并检修布水机	1		
			2		
			3		
检		清洁水池填料	1		
			2		
			3		
		保养电机	1		
			2		
			3		

专业主管：　　　　　　　检查人：　　　　　　　日期：

九　风机（周/月/年）定期检查保养表

检查类别：　　　　　　　　　　　　　　　　　　　　　　星期

No.

周　期		检查保养项目	风机编号	检查保养结果	备　注
年 月 检 检 检	周 月 检	检查皮带松紧	911-01		
			911-11		
		检查轴承声音是否正常	911-01		
			911-11		
		调整皮带松紧度	911-01		
			911-11		
		检查轴承润滑程度	911-01		
			911-11		
		检查轴承轴磨损情况，必要时更换	911-01		
			911-11		
		检查皮带磨损情况，必要时更换	911-01		
			911-11		
		电机保养	911-01		
			911-11		

专业主管：　　　　　　　　　检查人：　　　　　　　　　日期：

十 水泵（周/月/年）定期检查保养表

检查类别：

　　　　　　　　　　　　　　　　　　　　　　　　　　星期
　　　　　　　　　　　　　　　　　　　　年 月 日

序号	设备名称	清洁泵体（周检）	检查轴承箱油位及紧固泵体（周检）	油是否混水变质是否要更换（月检）	泵轴密封处更换/加石棉盘根（月检）	检修轴承及轴（年检）	电机保养（年检）	更换轴承骨架密封圈、联轴缓冲橡胶（年检）	翻新泵体（年检）
1	1# 冷却泵								
2	2# 冷却泵								
3	3# 冷却泵								
4	4# 冷却泵								
5	1# 冷却泵								
6	2# 冷却泵								
7	3# 冷却泵								
8	4# 冷却泵								
9	5# 冷却泵								
10	6# 冷却泵								
11	7# 冷却泵								
12	8# 冷却泵								
13	1# 冷却泵								
14	2# 冷却泵								

专业主管：　　　　　　　　检查人：　　　　　　　　检查日期：

十一 商场温度测量记录表

年　月　日　　　　测量人：

位置楼层	记录时间	第一次 11:00	第二次 15:00	第三次 18:00	第四次 21:00	第五次	第六次	备注
B1	18#、19#							
B1	23#、24#、25#							
F1	21#（箱包）							
F1	29#（饰品）							
F1	26#（化妆）							
F2	8#（女装）							
F2	9#（女装）							
F2	22#（女装）							
F2	5#（女内）							
F3	11#（男装）							
F3	15#（文体）							
F3	28#（工艺）							
F3	30#（男装）							
F4	13#（童鞋）							
F4	16#（玩具）							
F4	欢乐天地							
F4	儿童书店							

第六部分　消防设备管理

一　消防设施安全标记管理规程

1　防火门要有相应装置，保证开关灵敏有效，发生火灾时应能自动关闭。

2　要防止地毯或室内陈设物卡住防火门，保证其在火灾情况下迅速开启密闭。

3　消火栓周围不要乱堆乱放杂物，或擅自圈占，以免妨碍使用。

4　消防水泵接合器安装地点要有清晰标记，防止任意埋压、圈占消防水泵接合器。

5　消防水箱应按规定储存足够的消防用水。为便于检查和维修，消防水泵的吸水管和出水管，一般应敷设于水泵房的地面上，其阀门应设在操作方便的地方，并需有明显的启闭标志。

6　火灾自动探测报警设备应由经过专门训练的人员负责使用、管理和维护，无关人员不得随意触动。消防控制中心人员对火灾自动探测报警设备的报警部位号和本单位各火灾监护场所的对应编排应清楚明了。

7　平时要经常检查维护保养事故照明和疏散指示标志，灯泡不亮或损坏的要及时修理更换，使之时刻保持良好状态。

8　不可把可燃烧的物品放置在熔断器附近，其周围不应有金属丝和小动物。

9　在消防控制中心、配电室、电梯、计算机房等处应设立明显的禁止烟火的标志，若标志坏了及时更换。

二 消防系统设备管理规程

1 本规定用于规范商场消防系统的操作运行及维修保养，确保消防系统设备处于良好的运行状态。

2 消防系统设备的运行管理。

2.1 设备责任人每天对消防栓及喷淋系统、二氧化碳（七氟丙烷）气体灭火系统、防排烟设备、防火卷帘门、疏散指示灯、手持（推车）式灭火器喷淋压力罐等消防设备的工作状况进行巡视检查，并将巡视、检查情况记录在《工作日志》内。

2.2 消防中心值班人员负责每天 24 小时监控火灾自动报警系统及消防联动柜的运行情况，并将每天发生的事件记录在《消防中心值班记录表》中。发现报警等异常情况，及时通知值班安全员查看；发现设备故障，通知设备责任人处理。

2.3 如商场确认发生火警，消防中心值班员应按照"消防系统设备操作规程"正确操作消防设备，并遵照《消防、治安、车辆管理控制程序》上的相关文件要求，进行紧急灭火处理。

3 消防系统设备操作规程。

3.1 火灾报警控制器联动主机平常处于"手动"状态，按下"火警确认"键后，会转换为"自动"状态，并联动相关消防设备、设施。

3.2 当火灾自动报警控制器收到报警时，主、分机报警指示灯亮，并显示报警地点，同时伴有警车声音提示。

3.3 火警处理。

3.3.1 中控室值班人员根据报警地点通知就近当值安全员进行查看，如为误报等引起的非"真火警"信号，则将主、分机复位。

3.3.2 如为设备故障，则通知设备责任人维修或更换设备元件，未能及时处理的先将该故障点屏蔽，待处理完毕，再将屏蔽解除。

3.3.3 如确认为"火警"，中控值班员按以下流程处理：

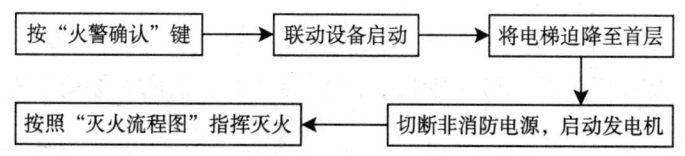

3.4 消防设备联动关系（各设备均处于自动状态下）。

3.4.1 商场：任层任号烟感、手报火警。

动作：商场任号广播、送风口、警铃。

动作：本防火分区、风机、防火卷帘、送风口。

3.4.2 商场任区任层任号消火栓报警。

动作：消火栓泵、警铃。

商场任区任层任号水流指示器报警。

4 消防系统设备安全管理。

4.1 消火栓及喷淋管网各阀门必须处于常开状态，并且所有消火栓箱上必须贴封条。

4.2 严禁动用消防设施（设备）进行非消防工作。

4.3 除消防主机外其他相关联动设备就地控制柜（消火栓泵、喷淋泵、防排烟风机、防火卷帘门、消防广播等）都必须处于"自动"状态。

4.4 只有在确认火警时才可以按下"火警确认"键，联动相关消防设备。如误操作"火警确认"键，可先将主机切换至手动状态，然后操作主机复位，再逐一手动停止已启动的各相关联动设备。

4.5 为确保消防系统常年处于良好工作状态，物业部应每年组织一次消防系统的联动试验。

5 消防系统设备的维修与保养。

5.1 按照管理规程"维修"及"保养"上的要求进行。

5.2 对消防系统主要设备进行检修，须办理《设备（设施）检修工作票》，经有关领导批准后方可进行检修。

5.3 消火栓及灭火器的检查保养内容及周期严格按照《消火栓检查卡》和《灭火器检查卡》上的要求进行，确保其在消防状态下能投入正常使用。

5.4 消防系统设备检查保养内容及周期见附表。

三　消防设备管理规程

1 消防设备巡视检查。

1.1 24小时对设备运行情况、报警性质，报警部位进行检查。

1.2 每天对喷头、水流指示器、水泵接合器、消防水泵等设施进行系统检查。

1.3 每天对控制器进行检查，检查项目：自检、消音、复位、故障、报警、巡检、主电源、备用电源等。

1.4 每月启动消防泵和喷淋泵一次，观看运转是否正常。

1.5 每年必须对水源的供水能力进行一次测定。

1.6 储存消防用水的蓄水池、高位水箱、气压罐，每月应检查核对消防蓄水水位及气压罐启动时的气体压力，并具备保证消防储备水不被做他用的措施，发现有问题时，应及时进行更正。

1.7 消防专业用蓄水和水箱的水应根据当地环境、气候条件每半年更换一次，避免水质变质。更换前，负责人员必须向领导报告。

1.8 寒冷季节，储水设备的任何部位都不允许结冰。设备出水的房间必须每天检查，保持室温不低于5摄氏度。

1.9 每年对储水设备的结构材料进行检查，修补缺损和重新油漆。

1.10 钢板水箱包括气压罐采用玻璃水位计时，其两端的角阀在不进行水位观察时应当关闭。

1.11 内燃机驱动的消防泵必须每星期启动运转一次。消防水泵运行时间不得少于5分钟，并且进行手动和自动切换试验。

1.12 每月一次利用喷淋系统报警控制阀旁的放水试验阀进行放水试验，以验证喷淋系统报警阀的报警及控制喷水功能。

1.13 系统上所有控制阀门必须用铅封和锁链将阀门固定在开启状态，阀门必须统一编号，并挂上标牌，标明该阀门在系统中所在的部位和应处的正确状态。每年一次对铅封和锁链进行检查，如有破坏或损坏及时更换，保证控制阀门不被误关闭，保证供水管路畅通。

1.14 建筑物室外消防管网中的各进出水控制阀门井内的控制阀门必须每月进行定期检查，以核实处于全开启状态。

1.15 室外水泵接合器的接口及其配套附件也必须每月定期检查，保证接口完好、无渗漏、闷盖齐全。

1.16 对喷淋系统管道上的水指示器每月定期进行末端放水试验以检查其是否能及时报警。

1.17 对喷头每月进行外观检查，发现不正常的喷头应及时更换。

1.18 每天检查消防泵、电机各地脚螺栓，应紧固不松动。

2 建立消防系统维保制度，持证上岗。

2.1 为确保消防系统日常运行正常，必须建立消防系统的日常监督、检查维护保养制度，并贯彻执行。

2.2 负责消防系统的维护管理人员必须熟悉整个区域的消防布局和各种消

防设备的原理、性能和操作维护规程，并具备公安消防监督机构颁发的消防管理培训合格证，持证上岗。

3 负责消防系统维护的管理人员必须经常巡视责任区内所有供水总阀、报警控制及其附属组件的外观检查，并观察水压是否正确，确保系统处于无故障状态。

4 维护消防系统的人员及企业法人代表必须了解以下事项：

4.1 了解自动喷淋灭火系统的用途。

4.2 保护喷头及各消防设备控制系统不受损坏，避免系统启用时受到阻碍。

4.3 必须清楚发生火灾时消防系统的应用程序。

4.4 供水水源必须保证消防系统供水设计所需的用水量和水压，并且每年必须对水源的供水能力进行一次测定。

4.5 储存消防用水的蓄水池、高位水箱、气压罐，应定期检查核对消防蓄水水位及气压罐启动时的气体压力，并具备保证消防储备水不被做他用的措施，发现有问题时，应及时进行更正。

4.6 消防专业用蓄水和水箱的水应根据当地环境、气候条件每半年更换一次，避免水质变质。更换前，负责人员必须向领导报告。

4.7 寒冷季节，储水设备的任何部位都不允许结冰。设备出水的房间必须每天检查，保持室温不低于 5 摄氏度。

4.8 定期对储水设备的结构材料进行检查，修补缺损和重新油漆。

4.9 系统上所有控制阀门必须用铅封和锁链将阀门固定在开启状态，阀门必须统一编号，并挂上标牌，标明该阀门在系统中所在的部位和应处的正确状态。每年一次对铅封和锁链进行检查，如有破坏或损坏及时更换，保证控制阀门不被误关闭，保证供水管路畅通。

4.10 各种不同规格的喷头应分别储存一定数量的备品，备品不得少于下列数量：

A. 装有 300 个以下喷头的建筑物——6 个。

B. 装有 300~1000 个喷头的建筑物——12 个。

C. 装有 1000 个以上喷头的建筑物——24 个。

4.11 喷头的更换或安装均须使用专用的喷头扳手。扳手应保存在消防值班室内。

4.12 发现消防管道漏水时，应及时采取止漏措施。

4.13 建筑物的结构及使用性质发生改变时，应想到系统需要进行修改时，必须在修改前经专业部门绘制消防系统布置图，报公安消防监督部门审批后，才能对系统作相应的修改。

4.14 根据消防系统施工验收状况、日常维修管理及修理状况，每年对系统的质量进行总结，作出评价。其主要内容应包括：

A. 整个消防系统有完整的竣工图，图纸是否清晰完好。

B. 有无系统验收、日常事故、本年度进行的测试及维修工作记录。

C. 有关消防职责是否明确；本单位有无义务消防员，并有专职工程师负责系统的维护管理工作，维护管理制度和方法是否已向维护管理人员交底。

D. 维护管理人员是否经过系统知识的培训；熟悉维护管理方法；本年新增人员是否经过消防培训。

E. 所使用的产品是否经过国家技术监督检测中心检验合格；如否，必须说明不符合的原因。本年度维修更换的设备、产品是否符合规范要求。

F. 供水水源是否可靠，有无水源供水能力的测试记录。

G. 蓄水池和水箱有无保证储备水在平时不被动用的措施。

H. 储备消防用水的蓄水池或水箱有无显示储备水量措施。

I. 所有控制阀门应该开启的是否处于开启状态，且有铅封、锁封。

J. 喷淋系统报警阀的附件是否齐全；水压表、气压表是否经标准压力表校核，且正常无损坏。

K. 水流指示器及报警控制阀是否均能正常报警。

5 室内外消防栓系统的维护。

消防栓系统是有效地利用水扑救火灾最基本的、最重要的设施。每月必须定期进行维护和检查，确保正常使用。

6 喷头的维护管理。

6.1 若发现极个别喷头有漏水、腐蚀、玻璃柱中有色液体变色或数量减少等现象，必须立即更换。

6.2 腐蚀性严重的场所，对喷头可采用涂防腐蚀涂料等防腐蚀措施，但绝不允许涂在感温元件上，否则将会影响喷头的动作。

6.3 灰尘的堆积也会影响喷头动作的灵敏度。因此，应将喷头上的灰尘刷掉或吹掉，但如果是爆炸性物质，不宜用压缩空气去吹。

6.4 安装喷头的位置不得设置影响喷头喷水性能的障碍物。

7 喷淋管道系统的维护管理。

7.1 管道系统中常常进入沙子、碎石、木片等杂物，或因管内水垢、水锈而堵塞。同时，这些杂物当喷头动作时，随水流入喷头，使喷头堵塞影响系统的灭火功能，因此必须及时进行清理。用放水试验的方法观察水有无颜色或有无异物流出，可鉴别管道是否受堵。

7.2 清洗管道系统中杂物有两种方法，即顺洗法和逆洗法。这两种方法都是利用快速充水管道将杂物冲出来：

A. 顺洗法（冲水法）。在支管末端接上软管并引入下水道，然后大量供水将管道中沉积物经支管排除。

B. 逆洗法（液压气动法）。从支管末端充入少量的水，利用压缩空气将水压送到管道中，经配水支管和配水干管至报警阀排水口排出。

7.3 自动喷水灭火系统管道漏水的现象虽然极少，但如果不加强维护也会发生，漏水的原因一般有：

A. 喷头和管道冻结而破裂。

B. 喷头和配管破损。

C. 建筑地基下沉造成给水管破损。

D. 喷头附近温度出现异常，致使喷头过热。

E. 其他原因。

7.4 此外还应严禁将管子用作其他支撑。拆装喷头时，必须按操作规程用专用工具拆装，切忌直接钳住喷头悬臂进行旋松和拧紧。

8 喷淋供水设备的维护管理。

8.1 每年检查自动喷水灭火系统的水源是否符合设计要求。如水源有无变化，水源的水量、水压机水泵的情况是否正常。

8.2 检查蓄水池是否有过多的沉积物，定期清洗蓄水池，金属结构的蓄水池设备内壁必须涂刷防锈漆。

8.3 水泵必须每月定期启动，检查其工作状态和性能。对于离心泵还应同时检查引水设备。试验水泵时必须打开排水管，使水不致进入系统管道内。

8.4 水泵系统应具备双电源供电，有条件者需有自备电源系统，当火灾发生时切断正式电源，由自备电源供电，进行喷淋灭火。

9 喷淋系统报警阀的维护管理。

9.1 湿式报警阀的维护管理。

9.1.1 报警阀必须定期检查，检查的方法是打开警铃校验旋塞，30秒内警铃将发出铃声警报。如果警铃不发出铃声则必须检查通向警铃的过滤器，排出其水垢、泥沙及污物，使水流畅通，防止报警失灵。

9.1.2 若将警铃校验旋塞关闭后，警铃仍继续发出声响，则可能发生以下3种故障，应及时排除：A）校验旋塞未完全关紧，应关紧旋塞；B）在报警阀座环形水槽上积聚障碍物，致使阀瓣关闭不严漏水，必须清除障碍物；C）报警阀瓣下的橡胶垫老化或皱褶，必须更换橡胶垫。

9.2 干式报警阀的维护管理。

9.2.1 正常时干式报警阀上面压缩空气的压力必须高于水压能顶开阀瓣的

压力，如果出现压缩空气的压力有不断下降的趋势，必须对整个管道进行一次细致的检查，并进行维护。

9.2.2 干式报警阀应在非严寒季节进行顶开试验。具体方法是将试验阀缓慢开启，注意气压表上的指针。随着压力逐步下降，指针慢慢落下，当气压表指针突然从下降转为上下摆动时，则警铃应发出鸣响，表示干式报警已被顶开。此时，必须立即打开排水阀，同时关闭总闸阀，以阻止水流进入管道内部。如发现干式报警阀未被顶开或顶开的动作迟缓，应拆开仔细检查，其原因可能有以下几种：

A. 阀瓣因沉淀物或锈蚀失去灵活性。

B. 橡皮垫片老化粘在阀座上。

C. 干式报警阀上部积水过多，影响开启。

D. 弹簧失去弹性，影响开启；拆开检修后，应针对故障原因，采取相应措施，如清除积垢和更换有关零件；在检修完毕后，排出管系内的积水，干式报警阀恢复正常工作。

10 消防设备的试验和检查。

使用单位必须定期对火灾自动报警系统的功能进行试验和检查。

10.1 季度试验和检查。

10.1.1 按生产厂家说明书的要求，用专用加烟（或加温）等实验器材分期分批试验探测器的动作是否正常，确认信号灯显示是否清晰，实验中发现有故障过时效的探测器应及时更换。

10.1.2 实验火灾报警装置的声、光显示是否正常。在实际操作实验中，可一次全部进行试验，也可部分进行试验。试验前一定要做好妥善安排，以防造成不应有的恐慌或混乱。

10.1.3 自动喷淋灭火系统管网上的水流指示器、压力开关等是自动控制喷淋系统启动和报警信号的装置，应试验它们的自动控制功能、报警功能、信号显示是否正常。

10.1.4 备用电源进行 1~2 次充放电试验，1~3 次主电源和备用电源自动转换试验，试验其功能是否正常，具体实验方法：切断主电源，看是否自动转换到备用电源供电，备用电源指示灯是否亮灯，四小时后，再恢复主电源供电，看是否自动切换，再检查一下备用电源是否正常充电。

10.1.5 有联动控制功能的系统，应自动或手动检查下列消防联动控制设备的动作情况及反馈信号的显示是否正常：

A. 防排烟设备、电动防火阀、消防电梯、电动防火门、防火卷帘门设备动作情况并反馈信号到消防控制中心。

B. 室内消火栓按钮、自动喷淋灭火系统的控制设备并反馈信号到消防控制中心。

C. 固代烷、二氧化碳、干粉、泡沫等固体灭火系统的控制设备。

D. 火灾事故广播、火灾事故照明及疏散指示标示灯。

E. 消防通讯设备应进行消防控制室与消防通讯设施设置地所有电话对讲功能试验，电话插入电话插座后，通话应畅通，语音应清楚。

F. 检查所有的手动、自动转换开关，如电源转换开关、灭火转换开关、防排烟、防火门、防火卷帘等转换开关、警报转换开关、应急照明转换开关等是否正常。

G. 进行强切非消防电源功能试验。

H. 检查备用品备用件、专用工具及加烟、加温试验器等是否齐备，并处于安全无损和正常的保护状态。

I. 直观检查所有消防用电设备的动力线、控制线、报警信号传输线、接地线、接线盒等是否处于安全无损状态。

J. 巡视检查火灾探测器是否正常，手动报警按钮和区域火灾显示盘指示的位置是否准确，有无缺漏、脱落和损坏，每个探测器的下方及周围各方向的手动报警器按钮的周围是否留有规定的空间。

K. 可燃气体探测器应按生产厂家说明书的要求进行试验和检查。

10.2　消防设备的年度检查。

使用单位应每年对火灾自动报警系统的功能作试验，并填写年检登记表。

10.2.1　按生产厂家说明书的要求，用专用加烟（或加温）试验器对安装的所有探测器分期分批地检查试验，至少每年全部检查试验一遍。

10.2.2　在年度季节性试验和检查中应按照所列的检查试验项目进行实际动作试验，对固代烷及干粉灭火器等进行模拟喷放试验。

10.2.3　实验火灾事故广播设备的功能是否正常，在实验中不论扬声器当时处于何种工作状态（背景音响、火灾事故广播状态），都必须能够紧急切换到火灾事故广播通道上，且声音清晰。

10.2.4　检查所有接线端子是否松动、破损和脱落。

11　消防设备的清洗。

感温、感烟探测器投入运行一年后，每隔三年必须由专业清洗单位（包括具有清洗能力和获得当地消防监督机构认可的单位）全部清洗一遍。清洗后作相应探测值及其他必要的功能试验，试验不合格的探测器一律报废，并严禁重新安装使用。更换损坏的探测器必须使用原型号或技术参数相同的代替品替换。清洗时，可分期分批进行，也可一次性清洗。

12 消防系统的维修。

12.1 为确保火灾自动报警系统完好正常的工作，系统的维护必须由消防监督机构认可的维修单位进行。

12.2 使用单位应具备日常维护所必需的备品备件、专用工具及实验仪器，如备用探测器、报警按钮及部件、照明装置及部件、设备专用维修工具、加烟试验器、加温试验器等。

四 消防器材管理规程

1 消防器材由商场管理处统一管理，由保安部负责配备和更换消防器材。由安保部消防主管对其统一定位，合理布置。

2 商场所有消防器材都是在消防应急时使用，严禁在非紧急情况下使用。

3 配备的消防器材由安装地点的保安或消防管理员检查、管理，由工程部每月定期保养、维修。使用单位应具有日常维护所必需的备品、备件。

4 严格遵守消防器材使用、操作规范。使用产品须经过国家技术监督检测中心检验合格，如不合格必须合格才能被使用。

5 商场所有灭火器应按规定整齐摆放于工作场所的醒目位置，严禁乱放。

6 灭火器的使用有效期应以灭火器上的压力指示为依据，凡压力低于最低指示线的应立即更换。

7 在年度季节性试验和检查中应按照所列的检查试验项目进行实际动作试验，对固代烷及干粉灭火器等进行模拟喷放试验。

8 消防员须熟练掌握消防器材的性能和使用方法。

五 消防设备维保作业指导书

1 目的。

消防设施的维护保养工作直接关系到消防设施的正常使用，必须完善设备维护、保养制度，加强消防系统的维护管理，使消防设施达到100%的完好率。

2 适用范围。

适用于本商场消防监控、消防设备和系统的维护保养等工作。

3 职责。

本商场消防监控、消防设备的维护保养等工作由消防监控岗、保安岗具体负责，隶属商场保安部。

4 工作内容。

4.1 为确保消防系统日常运行正常，必须建立消防系统的日常监督、检查维护保养制度，并贯彻执行。

4.2 负责消防系统的维护管理人员必须熟悉整个区域的消防布局和各种消防设备的原理、性能和操作维护规程，并具备公安消防监督机构颁发的消防管理培训合格证，持证上岗。

4.3 负责消防系统维护的管理人员必须经常巡视责任区内所有供水总阀、报警控制及其附属组件的外观检查，并观察水压是否正确，确保系统处于无故障状态。

4.4 维护消防系统的人员及企业法人代表必须了解以下事项：

4.4.1 了解自动喷淋灭火系统的用途。

4.4.2 保护喷头及各消防设备控制系统不受损坏，避免系统启用时受到阻碍。

4.4.3 必须清楚发生火灾时消防系统的应用程序。

4.4.4 供水水源必须保证消防系统供水设计所需的用水量和水压，并且每年必须对水源的供水能力进行一次测定。

4.4.5 储存消防用水的蓄水池、高位水箱、气压罐，应定期检查核对消防蓄水水位及气压罐启动时的气体压力，并具备保证消防储备水不被做他用的措施，发现有问题时，应及时进行更正。

4.4.6 消防专业用储水和水箱的水应根据当地环境、气候条件不定期更换，避免水质变质。更换前，负责人员必须向领导报告。

4.4.7 寒冷季节，储水设备的任何部位都不允许结冰。设备出水的房间必须每天检查，保持室温不低于5摄氏度。

4.4.8 定期对储水设备的结构材料进行检查，修补缺损和重新油漆。

4.4.9 系统上所有控制阀门必须用铅封和锁链将阀门固定在开启状态，阀门必须统一编号，并挂上标牌，标明该阀门在系统中所在的部位和应处的正确状态。定期对铅封和锁链进行检查，如有破坏或损坏及时更换，保证控制阀门不被误关闭，保证供水管路畅通。

4.4.10 各种不同规格的喷头应分别储存一定数量的备品。备品的数量不得少于下列数量：

A. 装有300个以下喷头的建筑物——6个。

B. 装有 300~1000 个喷头的建筑物——12 个。

C. 装有 1000 个以上喷头的建筑物——24 个。

4.4.11　喷头的更换或安装均须使用专用的喷头扳手。扳手应保存在消防值班室内。

4.4.12　发现消防管道漏水时，应及时采取止漏措施。

4.4.13　建筑物的结构及使用性质发生改变时，系统需要进行修改时，必须在修改前经专业部门绘制消防系统布置图，报公安消防监督部门审批后，才能对系统作相应的修改。

4.4.14　根据消防系统施工验收状况、日常维修管理及修理状况，每年对系统的质量进行总结，作出评价。其主要内容应包括：

A. 整个消防系统有完整的竣工图，图纸是否清晰完好。

B. 有无系统验收、日常事故、本年度进行的测试及维修工作记录。

C. 有关消防职责是否明确；本单位有无义务消防员，并有专职工程师负责系统的维护管理工作，维护管理制度和方法是否已向维护管理人员交底。

D. 维护管理人员是否经过系统知识的培训；熟悉维护管理方法；本年度新进人员是否经过消防培训。

E. 所使用的产品是否是经过国家技术监督检测中心检验合格；如否，必须说明不符合的原因。本年度维修更换的设备、产品是否符合规范要求。

F. 供水水源是否可靠，有无水源供水能力的测试记录。

G. 蓄水池和水箱有无保证储备水在平时不被动用的措施。

H. 储备消防用水的蓄水池或水箱有无显示储备水量措施。

I. 所有控制阀门应该开启的是处于开启状态，且有铅封、锁封。

J. 喷淋系统报警阀的附件是否齐全；水压表、气压表是否经标准压力表校核，且正常无损坏。

K. 水流指示器及报警控制阀是否均能正常报警。

4.5　室内外消火栓系统的维护。

消防栓系统是有效地利用水扑救火灾最基本的、最重要的设施。每月必须定期进行维护和检查，确保正常使用。

4.6　喷头的维护管理。

4.6.1　若发现极个别喷头有漏水、腐蚀、玻璃柱中有色液体变色或数量减少等现象，必须立即更换。

4.6.2　腐蚀性严重的场所，对喷头可采用涂防腐蚀涂料等防腐蚀措施，但绝不允许涂在感温元件上，否则将会影响喷头的动作。

4.6.3　灰尘的堆积也会影响喷头动作的灵敏度。因此，应将喷头上的灰尘刷掉或吹掉，但如果是爆炸性物质，不宜用压缩空气去吹。

4.6.4　安装喷头的位置不得设置影响喷头喷水性能的障碍物。

4.7　喷淋管道系统的维护管理

4.7.1　管道系统中常常进入沙子、碎石、木片等杂物，或因管内水垢、水锈而堵塞。同时这些杂物当喷头动作时，随水流入喷头，使喷头堵塞影响系统的灭火功能，因此必须及时进行清理。用放水试验的方法观察水有无颜色或有无异物流出，可鉴别管道是否受堵。

4.7.2　清洗管道系统中的杂物有两种方法，即顺洗法和逆洗法。这两种方法都是利用快速充水管道将杂物冲出来：

A.顺洗法（冲水法）。在支管末端接上软管并引入下水道，然后大量供水将管道中沉积物经支管排除。

B.逆洗法·（液压气动法）。从支管末端充入少量的水，利用压缩空气将水压送到管道中，经配水支管和配水干管自报警阀排水口排出。

4.7.3　自动喷水灭火系统管道漏水的现象虽然极少，但如果不加强维护也会发生，漏水的原因一般有：

A.喷头和管道冻结而破裂。

B.喷头和配管破损。

C.建筑地基下沉造成给水管破损。

D.喷头附近温度出现异常，致使喷头过热。

E.其他原因。

4.7.4　此外还严禁将管子用作其他支撑。拆装喷头时，必须按操作规程用专用工具拆装，切忌直接钳住喷头悬臂进行旋松和拧紧。

4.8　喷淋供水设备的维护管理。

4.8.1　定期检查自动喷水灭火系统的水源是否符合设计要求；如水源有无变化、水源的水量、水压机水泵的情况是否正常。

4.8.2　检查蓄水池是否有过多的沉积物，定期清洗蓄水池，金属结构的蓄水池设备内壁必须涂刷防锈漆。

4.8.3　水泵必须每月定期启动，检查其工作状态和性能。对于离心泵还应同时检查引水设备。试验水泵时必须打开排水管，使水不致进入系统管道内。

4.8.4　水泵系统应具备双电源供电，有条件者需有自备电源系统，当火灾发生时切断正式电源，由自备电源供电，进行喷淋灭火。

4.9　喷淋系统报警阀的维护管理。

4.9.1　湿式报警阀的维护管理。

4.9.1.1　报警阀必须定期检查，检查的方法是打开警铃校验旋塞，30秒内警铃将发出铃声警报。如果警铃不发出铃声则必须检查通向警铃的过滤器，排出其水垢、泥沙及污物，使水流畅通，防止报警失灵。

4.9.1.2 若将警铃校验旋塞关闭后，警铃仍继续发出声响，则可能发生以下三种故障，应及时排除：

A. 校验旋塞未完全关紧，应关紧旋塞。

B. 在报警阀座环形水槽上积聚有障碍物，致使阀瓣关闭不严漏水，必须清除障碍物。

C. 报警阀瓣下的橡胶垫老化或皱褶，必须更换橡胶垫。

4.9.2 干式报警阀的维护管理。

4.9.2.1 正常时干式报警阀上面压缩空气的压力必须高于水压能顶开阀瓣的压力，如果出现压缩空气的压力有不断下降的趋势，必须对整个管道进行一次细致的检查，并进行维护。

4.9.2.2 干式报警阀应在非严寒季节进行顶开试验。具体方法是将试验阀缓慢开启，注意气压表上的指针。随着压力逐步下降，指针慢慢落下，当气压表指针突然从下降转为上下摆动，则警铃应发出鸣响，表示干式报警已被顶开。此时，必须立即打开排水阀，同时关闭总闸阀，以阻止水流进入管道内部。如发现干式报警阀未被顶开或顶开的动作迟缓，应拆开仔细检查，其原因可能有以下几种：(A)阀瓣因沉淀物或锈蚀失去灵活性；(B)橡皮垫片老化黏在阀座上；(C)干式报警阀上部积水过多，影响开启；(D)弹簧失去弹性，影响开启。拆开检修后，应针对故障原因，采取相应措施，如清除积垢和更换有关零件。在检修完毕后，排出管系内的积水，干式报警阀恢复正常工作。

4.10 消防设备的试验和检查。

使用单位必须定期对火灾自动报警系统的功能试验和检查。

4.10.1 季度试验和检查。

4.10.1.1 按生产厂家说明书的要求，用专用加烟（或加温）等试验器材分期分批试验探测器的动作是否正常，确认信号灯显示是否清晰，试验中发现有故障、过时效的探测器应及时更换。

4.10.1.2 试验火灾报警装置的声、光显示是否正常。在实际操作试验中，可一次全部进行试验，也可部分进行试验。试验前一定要做好妥善安排，以防造成不应有的恐慌或混乱。

4.10.1.3 自动喷淋灭火系统管网上的水流指示器、压力开关等是自动控制喷淋系统启动和报警信号的装置，应试验它们的自动控制功能、报警功能、信号显示是否正常。

4.10.1.4 备用电源进行 1~2 次充放电试验，1~3 次主电源和备用电源自动转换试验，试验其功能是否正常，具体试验方法：切断主电源，看是否自动转换到备用电源供电，备用电源指示灯是否亮灯，四小时后，再恢复主电源供电，看是否自动切换，再检查一下备用电源是否正常充电。

4.10.1.5 有联动控制功能的系统，应自动或手动检查下列消防联动控制设备的动作情况及反馈信号的显示是否正常。

A. 防排烟设备、电动防火阀、消防电梯、电动防火门、防火卷帘门设备动作情况并反馈信号到消防控制中心。

B. 室内消火栓按钮、自动喷淋灭火系统的控制设备并反馈信号到消防控制中心。

C. 固代烷、二氧化碳、干粉、泡沫等固体灭火系统的控制设备。

D. 火灾事故广播、火灾事故照明及疏散指示标示灯。

E. 强制消防电梯停于首层试验。如条件许可，客梯和货梯必须能切除外选，接通内选，进行一次强制电梯停于首层试验，并反馈信号到消防控制中心。

F. 消防通讯设备应进行消防控制室与消防通讯设施设置地所有电话对讲功能试验，电话插入电话插座后，通话应畅通，语音应清楚。

G. 检查所有的手动、自动转换开关，如电源转换开关、灭火转换开关、防排烟、防火门、防火卷帘等转换开关、警报转换开关、应急照明转换开关等是否正常。

H. 进行强切非消防电源功能试验。

I. 检查备用品备用件、专用工具及加烟、加温试验器等是否齐备，并处于安全无损和正常的保护状态。

J. 直观检查所有消防用电设备的动力线、控制线、报警信号传输线、接地线、接线盒等是否处于安全无损状态。

K. 巡视检查火灾探测器是否正常，手动报警按钮和区域火灾显示盘指示的位置是否准确，有无缺漏、脱落和损坏，每个探测器的下方及周围各方向手动报警器按钮的周围是否留有规定的空间。

L. 可燃气体探测器应按生产厂家说明书的要求进行试验和检查。

4.10.2 消防设备的年度检查。

使用单位应每年对火灾自动报警系统的功能作试验，并填写年检登记表。

4.10.2.1 按生产厂家说明书的要求，用专用加烟（或加温）试验器对安装的所有探测器分期分批的检查试验，至少每年全部检查试验一遍。

4.10.2.2 在年度季节性试验和检查中应按照所列的检查试验项目进行实际动作试验，对固代烷及干粉灭火器等进行模拟喷放试验。

4.10.2.3 试验火灾事故广播设备的功能是否正常，在试验中不论扬声器当时处于何种工作状态（背景音响、火灾事故广播状态），都必须能够紧急切换到火灾事故广播通道上，且声音清晰。

4.10.2.4　检查所有接线端子是否松动、破损和脱落。

4.11　消防设备的清洗。

感温、感烟探测器投入运行一年后，每隔 3 年必须由专业清洗单位（包括具有清洗能力和获得当地消防监督机构认可的单位）全部清洗一遍。清洗后作相应探测值及其他必要的功能试验，试验不合格的探测器一律报废，并严禁重新安装使用。更换损坏的探测器必须使用原型号或技术参数相同的代替品替换。清洗时，可分期分批进行，也可一次性清洗。

4.12　消防系统的维修。

4.12.1　为确保火灾自动报警系统完好正常的工作，系统的维护必须由消防监督机构认可的维修单位进行。

4.12.2　使用单位应具有日常维护所必须的备品备件、专用工具及试验仪器，如备用探测器、报警按钮及部件、照明装置及部件、设备专用维修工具、加烟试验器、加温试验器等。

六　消防设施维保标准作业规程

1　防火门。

1.1　由于火灾时不可能随手关门，故防火门必须自动关闭，需设自动闭门器。平时要保证灵敏有效，一旦损坏要及时更换。

1.2　平时处于开启状态下的防火门，必须设固定装置，以便于通行。

1.3　专作疏散的楼梯间防火门，可采用电磁门锁，也可设置简便的机械式推杠门锁。

1.4　要防止地毯或室内陈设物卡住防火门，保证其在火灾情况下迅速开启密闭。

2　消防水泵接合器。

2.1　要按照规定的要求进行安装。使用消防水泵接合器的消防给水管路，应与生活用水管道分开，以防污染生活用水（如无条件分开，也应保证在使用时断开）。各零部件的连接及与地下管道的连接均需密封，以防渗漏。安装好后，应保证管道水平，闸阀、放水阀等开启应灵活。并进行 1.6MPa 压力的水压试验。放水阀及安全阀溢水口，要和下水道其他水沟相通，以便用完后放出余水。

2.2　操作时要先打开井盖，关闭放水阀；然后拧开外螺纹固定接口的闷盖，接上水带即可为消防车供水；用后，要开启放水阀盖好井盖；取下水带拧好固定接口的闷盖。

2.3　消防水泵接合器，必须定人管理，定期保养，保证在使用时能正常工作。对已老化的密封件应及时更换。要防止任意埋压、圈占消防水泵接合器。

3　消防水箱。

低层建筑室内消防水箱应储存 10 分钟的室内消防用水量。

4　火灾自动探测报警设备。

火灾自动探测报警设备应由经过专门训练的人员负责使用、管理和维护，无关人员不得随意触动。值班人员对火灾自动探测报警设备的报警部位号和本单位各火灾监护场所的对应编排应清楚明了。设备投入正常使用后，为确保运行正常，必须严格按定期检查制度进行检查。每天检查：通过手动检查装置，检查各项功能（火警功能、故障功能）是否正常，指示灯有无损坏。每周检查：进行主、备电源自动转换试验。每半年检查：对所有火灾探测器进行一次实效模拟试验，有失效的火灾探测器，应及时更换；对电缆、接线盒、设备作直观检查，清理尘埃。

5　火灾事故照明和疏散指示标志。

平时要经常检查维护保养其灯具，灯泡不亮或损坏的要及时修理更换，使之时刻保持良好状态。

6　熔断器。

6.1　不把可燃烧物质放置在熔断器的附近，不在熔断器的周围积落可燃粉尘和纤维。在熔断器的附近不可有金属丝或小动物等。

6.2　选用熔断器的熔丝时，熔丝的额定电流应与被保护的设备相适应。

6.3　照明线路熔丝的额定电流应稍大于实际负荷电流，一般不宜超过负荷电流的 2 倍，但不应大于电度表的额定电流和导线的安全截流量。

6.4　经常除尘，以保持熔断器的清洁。

七　消防器材检查表

单位：　　　　　　　检查人：　　　　　　　　年　月　日

名称	型号、规格	数量	检查情况	备注

八　消防设施月保养记录

设备名称：　　　　　　　　　　　　　　　　　　　　　　　　年 月 日

设备名称	保　养	保养情况及处理	保养人	日期	检查人
火灾报警控制系统	自检、消音、复位功能				
	主电源与备用电源功能正常				
	井道分线箱与 3440 界面箱				
	随机抽 5%烟感报警验证				
	烟、温感检查和清洗				
	各接线端子紧固				
	集控箱内抹灰除尘				
防火卷帘门系统	外观完好，无变形、卡阻				
	卷帘门升降正常，与操作一致				
	受（温）控、卷帘门运作正常				
广播	喇叭的固定				
	进行选层广播一次				
风机	开机试运转 5 分钟				
备　注					

续表

设备名称	保　养	保养情况及处理	保养人	日期	检查人
干粉灭火器	压力表指针指在绿色区				
	手托试重量基本符合要求				
	器件清洁，有检验标志				
自动喷水灭火系统	喷头外观检查				
	打开试警铃阀试验报警				
	压力表指示				
	末端放水试验水流批示器、压力开关、报警控制器联动情况				
	手动、自动试运行启动正常				
	检查控制阀门处于开启状态				
消火栓	栓门、锁玻璃无破损				
	指示灯、报警按钮、警铃齐全，无脱落和损坏				
	抽取总数5%按动报警按钮检查报警情况				
	消火栓出口压力试验（每2个月一次）				
消防泵	手动、自动试运行启动正常（每2个月一次）				
补压泵	手动、自动试运行启动正常（每3个月一次）				
烟感探测器	器身抹磷火除尘				
	3440界面功能正常				
	环境恶劣处烟感作特别检查				
	按5%比例喷烟感作特别检查				
温感探测器	器身抹灰除尘				
	探沿器与底座接触				
	安装牢固				
	按5%比例加温验证报警				
手动报警按钮	安装牢固				
	器身除尘，破损修补或替换				
	报警检验（任选二处）				
疏散出口指示	灯箱抹灰除尘，灯具牢固完好				
	交流试验指示正常				
	电池充放电				
气体自动灭火系统（虚拟）	贮存器压力符合规定				
	系统无机械损伤、无失灵				
	铅封、保险带完好无损				
	喷嘴在封闭空间位置正确				
	控制器面板电路显示正常				
	系统各部件抹灰除尘				

九　消防设备年保养记录（一）

设备名称	保养项目	保养情况及记录	保养人	日期	检查人
气体自动灭火系统（虚拟）	控制器电路显示情况				
	模拟电动启动释放气体				
	球形依据罐压力及控制验证				
	喷气灭火区的出口畅通，防火门完好				
防火阀	开闭灵活，挂钩可靠位置有标志				
	阀内无异物、锈蚀，位置显示正确，油漆良好				
正压压送风口	叶片无脱落、无变形				
	开闭操作正常，信号显示正确，线头紧固				
	风口外观良好，无脱落，无机械损伤				
	风口内外抹灰除尘				
排烟、送风风机	外观无机械损伤，接地线牢固				
	绝缘电阻 0.5 欧兆以上				
	风叶转动灵活无卡滞，检查（更换）轴承润滑油				
	拆盖检修主电路主触头				

十　消防设备年保养记录（二）

设备名称	保养项目	保养情况及记录	保养人	日期	检查人
排烟、送风风机	紧固风机控制柜内接线头，抹灰除尘				
	电器运作顺序控制正确，手柄位置与实际相符，指示电压、电流表完好				
	转向正确，运行无异声，电流平衡				
	运行 24 小时后，电机及轴承正常				
防火卷帘门	门锁良好，开停按钮牢固				
	导轨、卷帘无变形，油漆良好				
	按钮手动操作开闭方向正确，开闭灵活，无卡滞、无异常声响，上下限位开关动作正确				
	控制中心手动操作卷帘门动作正常				
	烟感器喷烟后卷帘门自动关闭，控制中心信号正确				
	电机绝缘高于 0.5 兆欧，线头压接良好，继电器接触良好				
	全面清洁控制箱、卷帘导电动机，限位开关				

说明：消防设备年检时间在每年 11 月；所列保养结果用文字准确地表达。

十一　消防设备年保养记录（三）

设备名称		保养项目	保养情况及记录	保养人	日期	检查人
消防水系统	水泵控制柜	拆盖检修主电器主触头，保证接触良好运行无声				
		柜内所有接头紧固，元件无破损、脱落				
		线路标号清晰，柜门内有本柜电气原理图				
		线绝缘电阻不低于0.2兆欧，无破皮裸露				
		电路连接正确，启停过程电器运作顺序正确				
		指示灯完好，操作手柄灵活，指示与实际相符，各设备手动、自动的启停正确				
		柜内外清洁无灰尘、无杂物，门锁好				
报警系统	控制器	逐个测试公共场所烟感报警器信号点、报警的正确性，电源电压				
		主电源、备用电源及相切换检查				
		自检、消音、复位功能检查				
		全面坚固柜内所有接线端子				
		柜内及电子板、各电器元件表面灰尘清理				
		电子板元件表面状态检查、抹灰除尘				
		同报警器联合检查各点报警的正确性				

十二　消防设备年保养记录（四）

大厦名称：　　　　　　　　　　　　　　　　　　　　年　月　日

设备名称	保养项目	保养情况及记录	保养人	日期	检查人
消防栓	检查水带并交接摺边				
	检查阀门、阀杆上油				
	栓内清洁无异物				
	各接口无损坏，连接方便可靠				
	检查指示灯，试验报警按钮				
手提灭火器	各部位清查个数，悬挂紧，急取方便				
	取下摇动几下，防止结块，压力表指针在绿区				
	手感检查每个重量，抽样 10%称量，减轻 10%需补充				
	逐个检查铅封及操作手柄，达到紧固良好，但不卡阻				
	抹灰除尘，系上检验标志				
气体自动灭火系统 (虚拟)	气瓶、部门、管路表面铅封完好，保险带、安全阀完好，全面抹灰除尘				
	系统内每组探测器模拟报警验证				
	拆下压力表送市计量站检定				

十三　消防设备维修记录表

填表日期：　　年　　月　　日

设备编号		设备名称	
维修日期		维修人员	
设备情况［故障现象］			
故障原因			
更改部件情况［型号数量位置］			
备　注			

第七部分　给排水设备管理

一　给排水设备（设施）运行管理规程

1　目的。

确保给排水设备设施处于良好技术状态，保证生活、消防用水的需要。

2　适用范围。

商业广场给排水设备设施的运行管理。

3　职责。

3.1　给排水值班员负责给排水设备的操作、监控、记录及异常报告。

3.2　给排水维修工负责给排水设备维修保养。

3.3　给排水主管负责给排水设备设施综合管理及上述工作的检查监督。

3.4　工程部经理负责上述工作的监督检查。

3.5　商业广场综合物业管理部负责向有关商户通知停水情况。

4　工作程序。

4.1　管理人员工作程序。

4.1.1　给排水值班员。

A. 给排水值班员负责给排水设备 24 小时运行的操作、监控、记录，应在给排水设备设施启动时观察电流、电压，并倾听有无异响，并记录于《水泵运行日志》。

B. 水泵房每周打扫一次，机组每月清洁一次，设备、地面、墙壁无积尘、水渍、油渍。

4.1.2　给排水维修工。

按《给排水设备设施检查保养计划表》及《给排水设施设备检查保养表》要求进行维修保养。

4.1.3　给排水主管。

A. 给排水主管负责给排水设备设施的综合管理，包括技术资料、档案的收集、保管，负责零星设备配件、材料采购计划的编制，外委修理工作。

B. 对给排水设施设备的保养提供工作指导及监督检查。

C. 每年 12 月制订下一年度《给排水设备设施检查保养计划表》，并按运行情况制订中修、大修计划。

4.1.4　工程部经理。

A. 进行周检、月检，每月最后一周组织有关人员对给排水设备设施进行一次红旗设备检评。

B. 审核《给排水设备设施检查保养计划表》、《给排水设备维保记录表》、大、中修计划。

4.2　水泵房管理工作程序。

4.2.1　非工作人员进入水泵房须经给排水主管或工程部经理批准后，由给排水维修人员陪同，方可进入。

4.2.2　水泵房内机电设备由给排水值班员负责操作，其他人不得擅自操作。

4.2.3　控制柜上转换开关，无特殊情况下应打在"自动"位置。生活水泵每隔 15 天进行轮换。

4.2.4　保持良好通风及照明，门窗开启灵活无破损。

4.2.5　不得擅自改动机房线路、器材，若须改动，须经上级领导同意后方可进行。

4.2.6　消防设施完好，禁止吸烟。

4.2.7　机房保持干净整洁无积尘，不得堆放杂物。

4.3　停水管理工作程序。

因工作维修等原因停水，应由给排水主管填写《停水通知单》，经由工程部经理、商业广场管理公司负责人批准后，交由商业广场综合物业管理部，由综合物业管理部提前 24 小时通知有关商户。因突发事件停机，应在 1 小时内联络有关部门处理，并在恢复供水后 24 小时内向商户作出解释。

二　给排水管道及末端检修标准作业规程

1　目的。

保证给排水系统的运行安全，更好地为客户服务。

2　适用范围。

所有给排水设备。

3　给排水系统的检查规程。

3.1　当水压达不到规定值时，会直接影响住户用水量。在这种情况下必须启动增压泵解决问题。

3.2　检查各上、下水井口（包括阀门井和下水井）封闭是否严密，防止杂物落入井中，损坏阀门及管道。

3.3　检查雨水井及其污水井有无水泥块、白灰、沙子、碎砖、碎石等建筑材料，防止被雨水冲入管道，造成堵塞。

3.4　检查室内外给排水管道阀门、水表及各管子接头有无跑、滴、漏现象，并及时处理。

3.5　重点检查厕所、清洗室有无漏水现象。

3.6　暴露于空间的管道及设备，必须定期检查，涂刷防腐涂料。

3.7　对给排水系统中使用的设施、设备必须定期检查其开关灵活性、密封性（如进出水阀门、浮球阀控制系统、排污阀、污水泵等），如发生问题应及时修理，以保证维修工作中的可靠性。

3.8　冬季前应做好室内、外设备防冻保温工作。对室外盖子不严的阀门井、水表井、消火栓井，都应用保温材料加以保温。对设在室外的冷水嘴、水箱、阀门、管道、消火栓等必须用足够厚的保温材料敷盖，在保温材料外糊一层石棉灰。室内若有上、下水设备但无取暖设施，则保温方法不同于室外。若有取暖设施，必须保证室内温度在正常温度以上。尤其是高层住宅的公用走廊、公用楼道和走廊的窗户必须及时关闭。

3.9　管道工必须对水处理方法、工艺要求、水质要求定期与环卫部门联系，做好水处理和水质化验工作，确保供给用户的水质达到国家标准。

4　给排水系统的修理规程。

4.1　地下管道漏水的修理程序。

如发现地面积水，可能是给水管泄漏。这时要弄清地下管道走向，顺冒水处往下挖，沿管线找到泄漏处；如严重漏水，则必须关闭该管段的控制阀门，进行抢修。给水管漏水有两种情况：一是钢管漏水，如管壁腐蚀严重或变薄、断裂等，需换新管道；二是铸铁铁管漏水，一般是断裂或渗漏，必须拆换或用填料填实。外线排水管堵塞是造成地面阴湿积水的通病，可在积水处找到污水井，打开井盖用竹劈、钢丝等进行疏通。室内排水管路被堵塞时，地漏和卫生器具下部就会出现返水，造成楼板漏水现象。堵塞部位常在排水管中部、排水弯里、排水管末端及排水立管中，修理时可根据具体位置打开相应的清扫口和检查口利用竹劈、钢丝和管道疏通机进行疏通。

4.2 地上管道漏水的修理程序。

地上管道漏水较容易发现。但地上给水管多设在室外，不但障碍多，而且管道多数架设在高空及管道井内。修理时必须先关掉阀门，或用打卡子加密封胶垫的办法止住漏水，可用换管和焊接的方法修理。

4.3 水嘴及阀门的修理程序。

水嘴常见的毛病有漏水和关不住两种情况。漏水通常是水嘴或阀门保盖密封损坏，阀芯密封胶垫破损，阀杆有部分丝扣损坏造成的。关不住通常是阀芯折断、密封胶垫完全损坏、阀杆丝扣完全损坏造成的，修理时可根据不同情况更换部分零件或密封胶垫、阀芯阀杆等。

4.4 卫生设备的修理程序。

卫生设备包括大便器、小便器、洗脸盆、家具盆和拖布池等。拖布池和家具盆均易出现堵塞现象。修理时先用撅子撅，或用竹劈、细钢丝疏通。当其托架不稳时，可参照大便器水箱不稳的修理方法。下水管漏水，必须拆下重装，或予更换。淋浴器和澡盆的常见毛病：一是阀门不严或滑扣，必须更换阀杆或阀门；二是水碱堵塞，可冲洗水碱。澡盆的常见毛病是下水堵塞，先用撅子撅，或用细钢丝疏通存水处。

4.5 一般管道冻裂的修理程序。

铸铁管冻裂，给水系统中只能更换新管。阀门管件冻裂时可更换新阀门。黑铁管冻裂，则多属焊缝开裂，微细有冻裂可试用设卡子垫胶垫的方法处理。如裂缝不长，且在管子中间时，可用电焊补焊。如果在管螺纹连接处，则须换管。

三 高压水泵安全技术操作规程

1 目的。

为了更好地运行水泵系统。

2 适用范围。

所有高压水泵系统。

3 操作规程。

3.1 启动前的准备。

3.1.1 启动前要把泵和现场清理干净。

3.1.2 检查托架内润滑油量是否适量，油位计是否完好。

3.1.3 未接联轴器前检查原动机的转向，与泵的轴向指针一致后，接好联轴器。

3.1.4 在装好填料和联轴器后方可方便地用手转动泵轴，无碰擦现象。

3.1.5 热水泵启动前应该用所输送热水将泵灌满，驱除泵中的空气后，将出水管的阀门关闭。

3.1.6 启动前检查基础螺栓有无松动，压盖是否歪斜，以及润滑油的供应情况。

3.2 启动。

3.2.1 出水阀门关闭后启动电动机，当泵达到正常转速且仪表指出相应压力时，须在60秒钟内均匀地打开出水阀门，调节到需要的工况，否则水泵会产生过热现象。

3.2.2 启动过程中要时时注意原动机的功率读数及泵的振动情况。

3.2.3 压盖处的泄漏，应呈连续滴流状态。填料的松紧要适当，压得过紧轴易发热，过松泄漏太大。

3.3 运行。

3.3.1 经常检查轴承发热情况（轴承温度不应超过75摄氏度）及油位计供油情况。

3.3.2 不能用吸入阀来调节流量，避免产生汽蚀。

3.3.3 泵不宜在低于30%的设计流量下连续运转，如果必须在该条件下连续运转，则应在出口处安装旁通管，排放多余的流量。

3.3.4 经常注意填料的泄漏和发热情况。

3.3.5 经常检查地脚螺丝的松动情况，泵体温度与入口温度是否一致，出口压力表的波动情况和泵的振动情况。

3.3.6 注意泵运转有无杂音，如发现异常情况，应及时消除或停机检查。

4 停止。

4.1 慢慢关闭出水管路阀门和关闭各仪表的开关。

4.2 切断电源。

四　给排水系统维保标准作业规程

1　目的。

及时处理给排水设备设施故障，确保设备性能。

2　适用范围。

商业广场内给排水设备设施的维修保养工作。

3　职责。

3.1　给排水维修工负责给排水设备设施的维保。

3.2　给排水主管负责维保工作的指导、检查监督及外委修理的联络工作。

4　工作程序。

4.1　给排水设备维保工作程序。

4.1.1　给排水维修工负责给排水设备设施的维修保养、重大维修的外委修理。

4.1.2　给排水主管每年12月制定下年度的《给排水设备设施检查保养计划表》，并按运行情况制订中修、大修计划。

4.1.3　给排水维修工按《给排水设备设施检查保养计划表》、《给排水设备检查保养表》要求，并将维修保养情况记录于《给排水设备维保记录表》，零部件更换及大修同时记录于《机电设备台账》。

4.1.4　给排水设备故障一般不超过8小时，若在8小时内无法解决的重要部位故障，应将故障原因、解决方案、解决时间书面上报商业广场管理公司，限期解决。

4.1.5　凡是夜间发生的，不影响商户业务的，不会产生严重后果的给排水设备设施故障，可以由早班给排水维修工进行维修。

4.1.6　给排水主管提供工作指导及检查监督。

4.1.7　需停水进行维修保养时，遵守停水管理工作程序执行。

4.2　给排水设备设施故障一般处理工作程序。

4.2.1　供水泵出现故障时，工程部值班主管马上启动备用泵，然后立即通知给排水工及时维修。

4.2.2　排污泵出现故障时，首先检查故障原因，如是控制回路出现故障，检查排除；如是水泵故障，更换水泵。

4.2.3　供水网出现故障，发生泄漏等影响正常供水，工程部值班主管立即关闭总阀，及时通知有关人员抢修，并做好受影响用户的解释工作。

4.2.4 排污井、雨水井等因堵塞造成下水不畅、浸水等，电话通知外委的疏通队疏通。

五 给排水设备维保标准作业指导书

1 日常保养。

1.1 各管接口处（直接、弯头、法兰盘、管堵头、三通等）是否有渗漏。

1.2 各阀门杆密封填料是否合适。

1.3 各泵是否清洁。

1.4 泵体及电动机运转时是否有异常噪声及振动。

2 周检内容及修理。

2.1 各泵润滑油位（量）是否属正常范围。

2.2 泵回转部件处（轴承盖、填料压盖、联轴器、缓冲橡胶、销轴等）的紧固件是否松动。

2.3 包括第一条的内容（日常保养）。

3 月检内容及修理。

3.1 各类泵润滑油腔（悬架）内是否混有水，油是否有变质现象。

3.2 电机端盖内轴承是否缺油。

3.3 泵轴密封处换（加）石棉盘根。

3.4 进行第一条及第二条的内容（日常保养及周检内容）。

4 季度检修内容（泵累积运转 2000 小时者并入季检）。

4.1 新泵在经 100 小时运转后，更换所有润滑油，以后每 500 个小时换一次润滑油，黄油每 2000 小时换一次；水泵每经 2000 小时运转，需进行周期检查叶轮与密封环配合间隙：吸口直径等于或小于 100 毫米的泵，在直径方向上最大值为 1.5 毫米；吸口直径等于或大于 150 毫米的泵，最大值为 2 毫米，超过此值必须更换密封环。

4.2 检查联轴器内减震橡胶磨损程度，确认是否要更换。

4.3 检查电动机两端轴承，除润滑外，确认磨损程度，是否更换。

4.4 检查悬架两端轴承，确认磨损程度，是否更换。

4.5 进行第一条、第二条、第三条所列内容。

5 年度检修。

5.1 电动机绝缘电阻是否合乎要求，泵进出口压力表读数是否准确，否则换表。

5.2 泵体整体翻新刷漆。

5.3 所有泵的轴承骨架密封圈及联轴器缓冲橡皮全部换掉。

5.4 并进行第一条、第二条、第三条及第四条所列内容。

六 二次供水管理作业指导书

1 目的。

保证商业广场二次供水水质符合卫生检验标准，保障用户身体健康。

2 适用范围。

适用于本商业广场二次供水的管理，二次供水是指用户从一次配水网引出的用于蓄水或加压的再次（或多次）的供水装置。

3 职责。

3.1 给排水主管负责制订年度水池（箱）清洗及消毒计划。

3.2 工程部经理负责审核和批准年度水池（箱）及消毒计划，并监督实施。

3.3 给排水工作人员负责水池的管理和水池的清洗、消毒及水样抽取和送检工作。

3.4 商业广场综合物业管理部负责出停水告示，并通知用户单位。

4 工作规程。

4.1 二次供水管理的要求。

4.1.1 二次供水由指定的给排水工负责管理。

4.1.2 给排水工负责水池（箱）的管理工作，要求每个水池水箱（包括地下、楼顶）须结构完整，加盖、加锁，水口干净，并申办二次供水卫生许可证。

4.1.3 新建、扩建和改建二次供水设施，须经供水管理机构和卫生防疫机构进行设计和竣工验收。

4.1.4 二次供水清洗、消毒的给排水人员，须持"健康证"、"培训证"，并经卫生防疫站认可。

4.2 年度水池水箱清洗及消毒计划。

给排水主管每年12月制订下年度不少于二次的水池水箱清洗及消毒计划。

4.3 通知。

4.3.1 给排水主管于每次水池水箱清洗及消毒计划实施前二天通知商业广

场管理部。

4.3.2　商业广场管理部在计划实施前 24 小时出停水告示，通知商业广场用户。

4.4　放水。

为确保用户的正常供水，放水工作必须提前到清洗、消毒水池（箱）的前 3 小时进行，并记录开始放水时间和结束放水时间。

4.5　二次供水清洗、消毒程序。

4.5.1　工具、用具的准备：工作服、扫把、尼龙刷、铁铲消毒药物、照明、水泵、鼓风机、口罩、眼镜等。

4.5.2　安全须知。

A. 电源：水池内作业光源要用 36 伏以下安全电压工作照明，最好用手电、应急灯，三相水泵要有漏电开关。

B. 缺氧：有些水池长期封闭、无通气孔、空气流通极差，水箱底部水口处连接鼓风机吹风，通风约三小时，然后选用如下试验：

生物试验：将一只活兔放入水池（箱）内部，约 10 分钟后取出，如活兔精神不振或已不能活动，说明水池中还有有害气体，须继续通风直到没有问题为止。

物理试验：把燃着的蜡烛放入水池，如不熄灭说明水池内不缺氧，否则须继续通风直到没问题为止。

C. 注意事项：在清洗水箱过程中，消毒人员须戴防护眼镜和口罩，如在水箱内感到身体不适，产生头晕、眼睛酸痛、心闷、气紧，要马上离开水池，用清水冲洗眼睛，呼吸新鲜空气即可恢复。

4.5.3　除杂物和清洗：清洗人员清洗水池时，先用铁铲铲出池内泥沙及各种沉积物，然后用扫把或尼龙刷从水池水箱的顶部→四周墙壁→底部，依次反复刷洗，刷洗完毕用清水整体冲洗一遍，排除污水。

4.5.4　消毒。

A. 用 1:100 的灭菌净（一般为漂白精粉）水溶液进行消毒，用扫把或尼龙刷依次反复刷洗消毒，并将水池盖好，封闭半小时后排除消毒水。

B. 水池内注入适量自来水，用清水将上述位置反复清洗，清洗出消毒药水。

4.5.5　注水。

在清洗工作彻底完成后，开闸向水池注水，达到标定的水位高度，并加盖加锁。

4.6　取样送检。

4.6.1　水样抽取工作由给排水主管安排给排水人员完成。

4.6.2 水样抽取地点应从底层水池和顶层水箱各抽样一支。

4.6.3 盛放水样的容器为矿泉水或蒸馏水瓶，盛容量为 500 毫升，盛水前应将水瓶清洗干净，并在瓶上贴上送样单位及送样日期。

4.6.4 在取水样的当天应由给排水主管安排给排水人员将水样送至卫生防疫站受检，并负责取回《卫生检测结果报告单》交商业广场管理公司文件管理员存档。

4.6.5 如《卫生检测结果报告单》结果为不合格时，应由工程部经理安排重新清洗和消毒水池（箱），必要时请卫生防疫部门派人监督全过程，直至检测合格为止。

4.7 记录和报告。

4.7.1 由给排水人员负责记录清洗、消毒水池（箱）的全过程，并由给排水主管审核，工程部经理签字后，交文件管理员存档。

4.7.2 卫生防疫站的《卫生检测结果报告单》原件存档，副本由工程部保留一份备查。

5 相关记录。

《水池（箱）清洗、消毒记录表》。

七 给排水应急事故处理作业指导书

1 火灾发生时采取的措施。

当接到监控中心的火灾通知时，给排水人员将采取如下措施：

1.1 根据着火点的实际情况，启动消火栓泵，如果消火栓主泵发生故障，可以启动备用消火栓泵。

1.2 根据着火点的实际情况，启动喷淋泵，启动可以分如下几种情况：

1.2.1 喷淋泵自动启动。

1.2.2 喷淋泵没有启动（即自动启动装置失灵），可以手动启动喷淋泵。

1.2.3 喷淋泵主泵发生故障，可以手动启动备用喷淋泵。

2 水灾发生时采取的措施。

检查地下室泵房的废水泵和污水泵的自动装置是否失灵，如果失灵，可以转换到手动位置进行手动抽水。

如果废水泵和污水泵的主泵发生故障，可以采用备用的废水泵和污水泵。

3 地震发生时采取的措施。

3.1 关闭商城给水管网同市政给水管网间的总闸阀。

3.2 关闭屋顶水箱的供水阀。

3.3 关闭水泵房的各种阀门。

八　给排水设备设施检查保养表

编号：　　　　　　　　　　　　　　　　　　　　　　　年　月　日

序号	检查保养项目		保养内容（含使用材料）	周期
01	水泵机组及附件	外观清洁	擦洗、除污	半月
		压力表指示	不正常、更换	不定期
		电机主回路、控制回路	测试、检查、紧固	半年
		水泵	如渗漏，更换盘根填料	不定期
		机械润滑	加说明书规定的油料	半年
02		管道	如渗漏，补漏 如锈蚀，除锈、刷漆	不定期
		阀门	如漏水，紧固螺丝 如锈蚀，防锈、润滑	不定期

第八部分 建筑本体、装修设备管理

一 商业广场建筑本体维保标准作业规程

1 目的。

对商业广场建筑本体维护保养规定进行预防性维护，延长其使用寿命。

2 适用范围。

适用于商业广场楼宇本体的维护保养。本书检查周期特指正常情况下的例行巡检周期，但若遇需修缮的项目，必须立即处理，即随见随修。

3 职责及内容。

商业广场综合维修岗位人员承担本书所有任务，隶属商业广场管理公司机电工程部管理。

3.1 楼顶：每月检查楼顶一遍，对隔热板、防水层、伸缩缝存在变形、裂缝的及时维修；每二年对隔热层进行保养一次。

3.2 外墙饰面（包括玻璃门的弹簧等）：每月全面检查一遍，对明显涂料及贴面砖空鼓、脱落、破损残缺、污迹，要及时维修；每年清洗二次，务显本色，在清洗时发现损坏部位及时维修，恢复原样。

3.3 内墙饰面（包括场内立柱）：每月全面检查一次，发现严重破损、污迹要及时修复；每年全面检查一遍，并对破损部分维修；每三年全面检查一遍，空鼓、脱落、污迹全面检修，并刷涂料一遍（面砖墙面修复破损部分）。

3.4 疏散楼梯间：每月擦洗二次；梯间踏步每年检查一遍；楼梯间墙面每3年粉刷涂料一遍，裂纹、剥落、空鼓等应及时维修。

3.5 防火门：每日巡视，发现防火门松脱、闭门器脱落、掉漆应及时维修；每年全面保养一次，对生锈、掉漆或油漆起皮部位应重新刷漆，对合叶及闭门器上油一次。

3.6 各类隔离网、防盗网：每日巡视，发现损坏应及时修复；每年全面检查，并对掉漆、生锈、掉焊等损坏进行维修刷漆；每二年全面刷漆一遍。

3.7 门、窗：每日巡视一遍，对窗门破裂、松脱、变形应及时修复；每年全面检查一遍，除对上述问题进行维修外，还应检查玻璃是否松动、窗结构是否变形、掉焊以及防雨水情况，并对存在问题作全面维修。

3.8 公共地砖、花岗岩大理石地面：每日巡查发现的地面空鼓、松脱、破损的应及时修复；每年全面检查一遍，对以上问题进行维修外，同时对地基变形、踏坑、严重的裂缝等进行维修，恢复原样。

3.9 吊顶：每日巡查一遍，发现缺损应及时修复；每五年揭开天花板检查吊顶龙骨是否松动、吊顶钢丝是否生锈，对龙骨松动、钢丝生锈现象进行更换。

3.10 水泥路面：每日巡查一遍，发现路牙损坏、路面陷凹、破损应及时维修；每半年定期对路面检查一遍，发现路面起沙、陷凹、破损、路牙破损作全面检修。

3.11 污水井、雨水井：每日巡查一遍，发现井盖破损、缺少，井内堵塞应及时维修或更换、清理；每年揭开井盖检查清理污泥二次；暂时未修复的井盖要做明显标记并围隔起来。

3.12 挡雨、遮阳、采光篷：每月冲洗二次；每年全面检查一次，对螺丝部位进行加固，对脱胶的进行补胶，破损的进行更换。

3.13 玻璃幕墙：每日巡查一次；每年全面检查一遍，发现有脱胶的应补胶；玻璃幕墙的玻璃炸裂、幕墙结构件损伤要及时修复。

3.14 建筑或街景小品、雕塑：每日巡查一次；每年全面检查二次，对破损、脱漆、倒塌、变形、污染等应及时维修、翻新或更换。

二 商业广场楼本体保养、维护周期一览表

序号	项目	标　准	检查、保养		
			周期	次数	内容
1	地基基础	房屋无倾斜、地基无明显沉降、移位，墙体无严重裂缝等	每年	一次	进行全面观测，发现问题报告产权和上级部经理单位
2	梁、柱、板主体	无倾斜、变形、弓凸、剥落、开裂和非收缩性裂缝，无筋露等	每年	一次	全面检查，发现问题随时修补
3	墙体、墙面（马赛克、大理石、条砖、瓷面砖、喷涂）	喷涂均匀，饰面板（砖）安装（砌贴）牢固，表面平整、洁净，色泽协调一致	每年	一次	全面检查
			每年	一次	清洗大理石、条砖、瓷面砖墙体墙面
			8年	一次	清洗马赛克外墙面喷涂室外墙体
			3~4年	一次	楼梯墙面全面修补、粉刷或喷涂油漆
4	顶棚	抹灰层牢固，无面层剥落和明显裂缝	每年	一次	全面检查
			3~4年	一次	全面修补刷漆
5	屋面隔热层、防水层	屋面防水层无老化、拉裂、开裂、轴裂、龟裂现象，板端缝、伸缩缝油膏紧贴，天沟、落水管、落水口畅通，不积水，屋面出入口完好，隔热层无缺少现象	每年	一次	每年雨季前全面检查，发现破损及时修补
6	房屋标识（栋号、单元号、楼层号）	字体清晰、醒目，标识齐全，标识牌无损坏	每年	一次	喷涂字按原样重喷涂字，标识牌如损坏或陈旧及时维修更换
7	楼板、地面砖	无裂缝、起壳、空鼓、下陷，表面平整，无破损，楼板、地砖上无水泥渣	每年	一次	全面检查，发现问题及时修复
8	通风口	无裂缝、破损、堵塞、锈蚀等情况	每季	一次	全面检查，发现问题及时维修

三 公用（共）设施维护、保养一览表

序号	项目	标 准	检查、保养		
			周期	次数	内容
1	楼梯、扶手	无混凝土碳化产生裂缝、剥落，钢筋无锈蚀、变形，牢固，确保使用安全，木扶手表面无明显龟裂和漆层脱落	每年	一次	全面检查
			3~4年	一次	修补、刷油漆
2	公共门窗：木门、铁门、防火门窗、铝合金窗（推拉、平开）、百叶窗	牢固、平整、美观、无锈蚀，开关灵活、接缝严密，不松动，门窗及门窗配件齐全	每年	一次	全面检查和保养
			2年	一次	木门窗油漆
3	水箱、水池	完好，无渗、滴水现象，内外爬梯无锈蚀现象，各检查口有盖且密封上锁，溢水口有个锈钢纱网或塑料纱网密封	每月	一次	全面检查
			每年	一次	清洗水池、水箱
4	天面扶栏、避雷带、公共防盗网	无破损、变形，无明显锈蚀	半年	一次	全面检查
			两年	一次	油漆
5	消防设施（消防检栓、消防管、消防防阀门）	无损坏、开关灵活、清洁，无渗、漏现象，周围无堆积杂物，保持水压	每年	一次	消防栓按"商业区消防栓保养规定"执行，其他全面检查
			2~3年	一次	消防设施油漆
6	公用电器	楼梯灯完好，灯开关正常，电话箱、电表箱、有线电视箱及分接器盖板完好，无不安全现象	每周	一次	全面检查，发现损坏及时更换，属电话公司、有线电视台设施通知其及时维修
7	信报箱	箱门、门锁齐全，开关自如，房号字体清晰，没有被明显损坏，完好率100%	每月	一次	全面检查
			每年	一次	油漆（如需要）
8	散水坡、雨檐台、连廊	与建筑物外墙连接完好，无脱离开缝现象，无排水不畅现象	每季	一次	全面检查，保持上下水管畅通，避免积水渗楼板，发现问题及时修复
9	上、下雨污水管	无堵塞、漏水或渗水，流水通畅，管道接口完好，无裂缝、破洞	每月	一次	雨季前全面检查，发现问题及时修补
			4年	一次	水管油漆
10	室外建筑小品、标识牌	完好率100%，符合安全要求，标识牌齐全醒目	每周	一次	是否有被损坏，有无安全隐患，标识牌有无遗失或需更新

四 综合维修组巡检表

年 月 日 星期

序号	巡检项目	巡检情况	异常问题处理情况
1	高压霓虹灯		
2	室外广告灯箱		
3	路 灯		
4	照明开关		
5	消防通道灯		
6	四周投光灯		
7	广场饰物		
8	大理石涂料类		
9	商城内吊顶		
10	卫生间洁具		
11	消防通道门		
注：正常"○"，异常"×"，1~7项每天中班巡检，8~12项每周一、周四巡检，巡检时带工具，有问题及时处理			
备 注			

专业主管： 巡检人：

第九部分　工程部装备、设备、工具

机电工程部装备、设备、工具参照表

序号	名称及规格	单　价
	设　备	
1	中型电焊机 250 安	
2	便携小型电焊机 160 安	
3	氧气乙炔焊割机（套）；割枪、焊枪 2 号枪头	
4	对讲机（含备件）	
5	管道疏通机（大型、中型）	
6	应急排污泵（手提式）	
7	落地式砂轮机	
8	台式钻床：3~20 毫米	
9	工业用吸尘机（手提式，用于电梯和电气柜等）	
10	钳工台（台面 1.5 米 × 2 米，台面蒙铁皮）	
11	高空工作台（液压式）：10 米全护式	
12	手推式铝梯：1 米、2.5 米、4 米	
	电动工具	
13	手持电钻 3~12 毫米	
14	油压式冲击电钻：中号	
15	砂轮叶片式切割机：中号	
16	大理石切割机：便携式	
17	电烙铁：30 瓦、75 瓦、150 瓦	
18	充电式强光电筒、值班电筒（充电式）	
	手工工具	
19	电缆用压线钳（套），机械式或油压式	
20	专用压线钳（弱电用）	
21	网络钳（包括压线刀）	
22	镊子（6 号）	
23	手动葫芦（3 吨）	

续表

序号	名称及规格	单 价
手工工具		
24	拨盘器（拉马），大、中、小，分两爪和三爪	
25	塞尺，0.1~2.5毫米（电梯用）	
26	转向套筒扳手（套）	
27	风葫芦（皮老虎）	
28	内六角扳手（公制、英制，套）	
29	锉刀（板锉、半圆锉、三角锉、圆锉、整形锉）	
30	扳手：活动150毫米、活动：200毫米、活动：300毫米、活动：450毫米	
31	梅花扳手：3~36毫米	
32	组合式扳手（呆扳手）：4~45毫米	
33	润滑油（黄油）加油枪	
34	润滑油壶	
35	套筒成套工具	
36	钢管割管器	
37	铁皮剪刀	
38	黄铜棒（$\phi 60 \times 300$），用于轴承安装等	
39	千斤顶（5吨、10吨）	
40	裁纸刀	
41	剪刀	
42	钳工用榔头（1千克、2千克）	
43	大锤（8磅）	
44	台用虎钳：150毫米	
45	管链钳（能用于200毫米口径的管子）	
46	管子钳：200毫米	
47	管链钳：200毫米、300毫米、450毫米、600毫米	
48	拉钉钳	
49	一字形螺丝刀：100毫米、150毫米、200毫米、250毫米、400毫米	
50	十字形螺丝刀：100毫米、175毫米、250毫米、350毫米	
51	内卡簧钳、外卡簧钳	
52	手锯：金属450毫米	
53	电子部件专用：平嘴、尖嘴钳、斜口钳、剥线钳、剪线钳、鲤鱼钳	
54	加长螺丝刀（300毫米，电梯用）	
55	木工专用工具	
56	泥水工专用工具	
57	工具更衣柜	
58	物料架（用角钢自做）	
仪器仪表		
59	万用电表	
60	绝缘值测试表（摇表）	

序号	名称及规格	单 价
	仪器仪表	
61	钳型电流表	
62	风速仪（空调专业用）	
63	红外线测温仪（袖珍式）	
64	电源测试笔	
65	接地电阻测试仪	
	量 具	
66	卷尺：1米、2米、5米	
67	钢直尺：0.5米、1米；刚角尺（150毫米）	
68	水平尺：600毫米	
69	三角尺：300毫米（套）	
70	皮卷尺：100米	
71	游标卡尺（200毫米）	
	常用耗材	
72	红纸板（自制密封垫用）$\delta=1$，$\delta=2$，$\delta=3$	
73	橡胶板（自制密封垫用）$\delta=2$，$\delta=3$，$\delta=5$	
74	美浮润滑机油	
75	生胶带（聚四氟乙烯）	
76	电工绝缘胶布	
77	玻璃胶	
78	石笔	
79	防水胶布	
80	电焊条（2.5毫米、3.2毫米、4.0毫米）	
81	大理石切割刀片	
82	钢锯条	
83	焊锡丝焊锡膏	
84	棉纱（擦洗机器用）	
85	钢丝刷、铜丝刷	
86	毛刷（1.5寸）	
	安全防护	
87	高空工作安全带：挂钩式	
88	安全头盔	
89	安全过滤口罩：100CDN	
90	护眼罩：眼镜式	
91	全护式	
92	焊接用护镜（焊接用1000GDA）	
93	手套（帆布、皮革）	
94	电工腰带	
95	工具包	

保卫、消防管理篇

第一部分　治安管理

一　保安员备勤规定

1　目的。

遇突发事件可迅速集合人员，对突发事件进行应急处理。

2　适用范围。

××国际商业广场。

3　职责。

3.1　保安部长负责对治安经理下达备勤任务并对落实情况进行监管。

3.2　治安经理负责对备勤班长的备勤实施情况进行监管检查，并将情况汇报保安部长。

3.3　备勤班长具体实施备勤工作，并将实施情况汇报治安经理。

3.4　当值备勤人员具体执行备勤工作，并将在备勤过程中遇到的问题报告备勤班长。

4　内容。

4.1　保安部下一班未当值的保安员为本班备勤人员（备勤人员不少于本班人数的2/3）。

4.2　备勤人员在备勤时间内必须留在宿舍区域，不得外出。

4.3　备勤人员外出时必须提交书面请假条报保安部长或经理审批，批准后方可离开，并找人顶替其备勤岗位。

4.4　保安部长或经理每周抽查一次备勤情况。

4.5　备勤班长或副班长至少一人留守备勤。

4.6　当遇有自然灾害或突发事件预警时，全体保安员备勤，一律不得外出（特殊情况需治安经理以上领导审批）。

5 相关支持文件。

（无）

6 质量记录表格。

（无）

7 相关附件。

（无）

二　保安员查岗规定

1　目的。

防止出现脱岗、离岗等违反管理规定的行为，纠正工作中不正之风。

2　适用范围。

××国际商业广场。

3　职责。

3.1　保安部长负责对治安经理查岗制度的落实并监督其实施。

3.2　治安经理负责对保安班长实施查岗制度的过程监督和抽查，并汇报保安部长。

3.3　保安班长负责对查岗制度具体实施，并将实施情况汇报治安经理。

4　内容。

4.1　公司分管副总、保安部长、保安经理和保安班长为查岗人。

4.2　保安部长每月至少查岗一次，保安经理每周至少查岗一次，保安班长夜班不少于查岗 3 次。

4.3　查岗采取不定时抽查，查岗情况详细填写在《查岗记录表》，被检查人须在《查岗记录表》上现场签名确认。

4.4　查岗内容包括保安员工作状态、内务管理、备勤制度、安全隐患等。

4.5　对查岗发现的问题及时作出相应的处理，并填写《保安服务质量检查记录表》。

5　相关支持文件。

（无）

6　质量记录表格。

6.1　《保安服务质量检查记录表》。

6.2　《查岗记录表》。

7 相关附件。
(无)

三 保安员加分标准

1 目的。

规范保安员行为举止，促进保安队伍的健康建设。

2 适用范围。

××国际商业广场。

3 职责。

3.1 公司行政人事部对加分标准的结果执行。

3.2 保安部长负责对加分标准的修正，下发治安经理，并监督实施。

3.3 保安经理负责对全体保安员的加分标准具体实施，并向保安部长汇报实施情况。

3.4 全体保安人员对加分标准的执行。

4 内容。

4.1 保安员有下列情形之一者加3分：

4.1.1 工作表现突出，任劳任怨，得到上级的好评。

4.1.2 工作形象佳，服务态度好，经常得到客户的赞赏。

4.1.3 经常协助管理，做好传、帮、带工作。

4.2 保安员有下列行为之一者加5分：

4.2.1 拾金不昧者。

4.2.2 抓获小偷者。

4.2.3 工作表现突出，得到公司领导表扬者。

4.2.4 出色完成公司交办的工作任务者。

4.2.5 提出合理化建议并被公司采纳者。

4.3 保安员有下列行为之一者加10分：

4.3.1 敢于与犯罪分子作斗争，协助公安机关破获重大案件者。

4.3.2 为公司赢得社会声誉者。

4.3.3 保护公共财产安全，抢险救灾表现突出者。

4.3.4 发现事故苗头，及时采取措施，防止事故发生者。

4.3.5 见义勇为者。

5   相关支持文件。

（无）

6   质量记录表格。

（无）

7   相关附件。

（无）

四 保安员扣分标准

1   目的。

规范保安员行为举止，提高保安员综合素质。

2   适用范围。

××国际商业广场。

3   职责。

3.1   公司行政人事部对扣分标准的结果执行。

3.2   保安部长负责对扣分标准的修正，下发治安经理，并监督实施。

3.3   治安经理负责扣分标准对全体保安员的具体实施，并向保安部长汇报实施情况。

3.4   全体保安人员对扣分标准的执行。

4   内容。

4.1   保安员有下列行为之一者扣 3 分：

4.1.1   当值未戴工牌（特殊情况除外），仪容、仪表、姿态不符合要求（未按要求站立或坐姿者）。

4.1.2   上班抽烟、看报、聊天、吃零食、打私人电话等做与工作无关的事者。

4.1.3   无故不参加训练、培训，未按规定请假外出或超时未归者。

4.1.4   无故不履行宿舍值日义务，酗酒后上班，私自换班者。

4.1.5   不爱护公司财物，造成财物浪费，未在指定的场所用膳者。

4.1.6   不按交接班要求办理交接班手续，无故不参加公司的各种活动者。

4.1.7   不熟悉工作程序和文件，在检查活动中不能正确回答问题；每月连续 2 次错误填写表格记录者。

4.1.8   发现问题故意回避、不处理、不报告、不记录者。

4.1.9   为客户提供服务不积极主动、热情，造成客户投诉者。

4.1.10 下班后着保安员服装外出者。

4.1.11 在宿舍内高声喧哗影响他人休息者。

4.1.12 不讲究公共卫生，随地吐痰、乱丢烟头、纸屑者。

4.2 保安员有下列行为之一者扣 5 分：

4.2.1 与客户交流，语言不文明、与顾客争辩引起客户投诉者。

4.2.2 工作不认真，造成不良影响或不良后果者。

4.2.3 脱岗、离岗，上班迟到、早退者。

4.2.4 挑拨离间，影响内部团结者。

4.2.5 重大事件擅自处理或不报告者。

4.2.6 收受红包不上交或向客户索取小费、物品等者。

4.3 保安员有下列行为之一者扣 10 分：

4.3.1 当值时睡觉、打架、赌博者。

4.3.2 蓄意破坏、偷窃公物或客户物品者。

4.3.3 贪污受贿；损害公司利益；拾到遗物不上交者。

4.3.4 向外界泄露公司商业、经济等秘密或私自复印公司资料、文件者。

4.3.5 工作玩忽职守，引发责任事故，给公司造成损失者。

4.3.6 不服从上级工作安排和指挥者。

4.4 保安员有下列行为之一作辞退处理：

4.4.1 对于出现拉帮结派、偷盗他人财物者，一律作辞退处理，情节严重者追究法律责任。

4.4.2 乱扣他人证件、物品，乱罚款、勒索他人财物，经查实作辞退处理，情节严重者追究法律责任。

4.4.3 故意刁难、辱骂、侮辱他人人格，侵犯他人权利者，一律作辞退处理，情节严重者追究法律责任。

4.4.4 对殴打他人，为违法犯罪人员通风报信，充当保护伞者，一律作辞退处理，并追究法律责任。

4.4.5 限制他人人身自由，私藏、持有警械及杀伤性武器者，一律作辞退处理，并追究法律责任。

5 相关支持文件。

（无）

6 质量记录表格。

（无）

7 相关附件。

（无）

五　交接班操作规程

1　目的。

保证交接班顺利，确保工作质量。

2　适用范围。

××国际商业广场各保安岗位交接。

3　职责。

3.1　保安主管对交接班操作流程全面实行监管，并汇报保安经理。

3.2　保安班长具体执行和监督保安员具体执行情况，并汇报保安主管。

3.3　保安员按照规程具体执行，有问题及时报告保安班长。

4　内容。

4.1　遗留问题交接。

交接班遗留问题时，需接班人员处理的，由接班人员负责跟踪处理；原则上当班的问题，当班解决。

4.2　物品交接。

4.2.1　交接配备物品：对讲机、记录本、笔、警器、电筒等岗位配备物品是否完好。

4.2.2　公共设施：责任区内公共设施是否完好。

4.3　交接程序。

4.3.1　接班人员提前15分钟到交接班地点集合，由接班班长负责带队交接，时间为30分钟。

4.3.2　接班班长分各接班小组，由各小组组长带队成纵队依次接班，每到一个岗位时，组长下达口令由接班人员出列，双方敬礼问好后进行交接。

4.3.3　交接班人员应当对交接班记录、对讲机、物品及遗留问题进行详细交接清楚。

4.3.4　若遗留问题需接班处理的，及时报告接班班长；原则上交班人员遇有突发事件时，接班人员推迟接班，直至突发事件处理结束。

4.3.5　接班队员对接班事项确认无误后，在交接班记录上签字，交接完毕。

4.3.6　双方敬礼后接班队员开始工作，交班队员报告入列。

4.3.7　以此程序依次进行交接，队员交接完毕后，最后班长之间进行交接。

4.3.8　交接工作完成，由班长作讲评后，带回宿舍休息。

5　相关支持文件。

（无）

6　质量记录表格。

《保安员交接班记录表》。

7　相关附件。

（无）

六　巡逻岗操作规程

1　目的。

全方位监视和巡逻责任区，确保责任区安全、秩序良好，防止事件发生。

2　适用范围。

××国际商业广场保卫部的内部巡逻岗位。

3　职责。

3.1　保安班长负责监督巡逻岗的具体实施情况并汇报保安主管。

3.2　巡查各岗位情况，处理各岗位疑难问题。

3.3　监视责任区内人员、物品、车辆情况，维护责任区内秩序，以防事故发生。

3.4　对工作中出现问题做好记录，并及时向上级报告，提出改进方法及注意事项。

4　内容。

4.1　交接班遗留问题的处理。

4.1.1　在接班30分钟内，发现责任区内责任事故时，报班长以上人员到现场确认，属交班人员责任。

4.1.2　当交接班遗留问题时，需接班人员处理的，由接班人员负责跟踪处理；原则上当班时的问题，当班解决。

4.2　责任区巡查。

4.2.1　责任区内部巡查。

4.2.1.1　严格按规定巡逻路线巡查、签到。

4.2.1.2　巡逻时检查客户的门锁是否完好，各类消防、防盗和各类公共设备是否完好，处理消防报警，如有异常立即上报处理。

4.2.1.3　做到"看、嗅、听、问、做"：

看：电梯机房、风机房、公共照明情况、电梯按钮、火险隐患、防火门、消防通道、可疑人员及物品、装修、公共设施、卫生、客户门锁是否锁好、是否有水溢出门外等。

嗅：石油气、煤气、烟气等各种特殊可疑气味。

听：违章装修、客户室内的超常响声、求助声等。

问：盘问可疑人。

做：发现问题及时做出相应的处理。

4.2.1.4 接到客户服务需求、投诉等，报告监控中心或服务中心，并做好记录。

4.2.1.5 制止责任区内破坏公共秩序的行为。

4.2.1.6 检查责任区消防情况，保持正常状态。

4.2.1.7 制止翻越护栏的行为。

4.2.1.8 发现责任区卫生异常时，通知保洁人员处理。

4.2.2 责任区外围巡查。

4.2.2.1 严格按规定巡逻路线巡查、签到。

4.2.2.2 制止车辆不按规定停放或行驶。

4.2.2.3 发现车辆有未锁车门、车窗、漏水、漏油等现象应及时通知车主，并做好值班记录，若一时联系不上车主，应立即上报，采取相应措施。

4.2.2.4 制止责任区内乱摆乱卖、乞讨等行为。

4.2.2.5 维护责任区内卫生和公共秩序。

4.3 问题处理。

4.3.1 违规装修处理：当发现有违规装修时，及时礼貌制止，并告知其装修管理规定；对不听从者，暂没收其出入证，交班长以上人员处理。

4.3.2 火警信号处理：当收到监控中心发出火警信号时，及时到达火警信号的位置查看；若属误报，回复监控中心进行复位；若属发生火灾时，及时向监控中心报告火灾情况，严格按《灭火工作程序》执行。

4.3.3 发生突发事件处理：严格按《紧急事件处理规程》执行。

4.4 夜间报岗。

4.4.1 夜间当值时，每隔 20 分钟主动向当值班长报告其所在的位置，收到班长的回复信号后，即报告完毕。

4.4.2 当无法收到当值班长信号时，可用消防对讲与消防中心联系，报告其所在的位置。

5 相关支持文件。

5.1 《紧急事件处理规程》。

5.2 《灭火工作程序》。

6 质量记录表格。

6.1 《值班记录表》。

6.2 《交接班记录表》。

6.3 《保安巡逻签到表》。

6.4 《保安员巡查记录表》。

7 相关附件。

（无）

七 保安员备勤宿舍管理规定

1 目的。

维护备勤宿舍正常秩序，创造良好的休息环境。

2 适用范围。

××国际商业广场保卫部保安人员备勤宿舍。

3 职责。

3.1 保安经理、保安主管负责对保安员宿舍管理工作的监管和督导。

3.2 宿舍管理员负责对保安员宿舍进行安全管理和秩序管理。

3.3 全体住宿保安员共同维护宿舍的良好环境秩序。

4 内容。

4.1 保安员必须在公司集体宿舍住宿，未经批准不得在外住宿。

4.2 未经保安经理或主管批准，不得私自带朋友或亲属在宿舍留宿。

4.3 探访人员应在晚 10 点前离开宿舍，原则上不准在宿舍接待来访人员。

4.4 严禁在宿舍内存放易燃、易爆、剧毒等危险物品，不得为他人保管来历不明的物品。

4.5 不准乱接电线或私接电炉、电扇、电饭锅等电器。

4.6 严禁在宿舍内赌博、酗酒。

4.7 宿舍应保持干净、卫生，宿舍内不得高声喧哗、吵闹。

4.8 值日职责明确，值日轮流表及管理制度上墙。

4.9 个人物品摆放整齐，床铺整洁，被子方正。

5 相关支持文件。

（无）

6 质量记录表格。

（无）

7 相关附件。

（无）

八 对讲机使用和管理规定

1 目的。

保障保安通讯器材正常使用。

2 适用范围。

××国际商业广场保卫部。

3 职责。

3.1 保安主管对对讲机的使用管理实行全面监督。

3.2 保安班长对对讲机的使用实行具体管理。

3.3 保安员具体执行对讲机使用管理的规定。

3.4 内勤主管负责对讲机的发放，并对丢失、损坏对讲机的结果进行处理。

4 内容。

4.1 对讲机使用原则"谁使用，谁保管；谁损坏，谁负责"。

4.2 对讲机应交接清楚，记录对讲机运行状态；当发生损坏时，因交接不清，由当值人负责赔偿或维修。

4.3 对讲机使用人应当妥善保管和使用，当发生丢失或损坏事件，及时报告队长或主管，责任人按《公司资产管理规定》的标准赔偿。

4.4 使用对讲机时用规范语言进行通话，不得用对讲机说粗语、脏语等与工作无关的事情。

4.5 对讲机只供使用人执勤时使用，严禁转借他人，对讲机应当随身携带。

4.6 对讲机要严格按规定频率正确操作，严禁私自乱拆及乱调频率。

4.7 对讲机电池应专用，不得随意更换电池；对讲机电池电量用完后，应当及时更换和充电，保证对讲机正常使用，一般8~10小时更换一次电池，特殊情况除外。

4.8 呼叫时规范用语：呼叫方："×××、×××（被呼叫编号），×××（本岗号）呼叫，收到请回答！"被呼叫方："（本岗号）×××收到请讲！""×××明白！"当对方未收到时可反复呼叫。

5 相关支持文件。

《公司资产管理规定》。

6 质量记录表格。

（无）

7 相关附件。

（无）

九 保安员管理规定

1 目的。

规范保安人员工作行为，提高工作质量与效率。

2 适用范围。

保卫部全体人员。

3 职责。

3.1 保卫部经理对保安主管下达任务并对全体保卫部人员执行落实情况进行监督。

3.2 保安主管对保安班长下达任务并对实施情况进行监管。

3.3 保安班长与保安员具体实施，保安班长行使实时监督职能。

4 内容。

4.1 严格遵守国家的法律法规及公司内部各项规章制度、安全操作规程。

4.2 服从管理、听从安排、廉洁奉公、敢于同违法犯罪分子作斗争。

4.3 严禁接受业主和商户的贵重礼物或钱财，严禁利用工作之便索贿、受贿及纵容、包庇坏人和陷害好人。

4.4 值班时必须按规定着装、佩戴执勤用品；做到仪表端正、精神饱满，态度和蔼，礼貌待人，办事公道，热忱为客户服务，树立良好的保安人员形象。

4.5 严禁在执勤时要特权；严禁出现刁难人、打骂人、欺压群众、粗暴无礼、侮辱人格的行为。

4.6 严禁在值班时看书看报、听音乐（耳机）、闲聊、酗酒、嬉笑打闹，严禁离岗、睡觉等，严禁在值班时做与工作无关的事。

4.7 严格执行交接班制度，按时按规定交接班，不得迟到、早退，更不能误班、漏班。当值期间严禁脱岗、离岗。

4.8 爱护各种警械器具装备，不得丢失、损坏、转借或随意携带外出。

4.9 严格执行请销假制度，做到有事必须提前请假，归队后按规定销假。

4.10 严守公司内部商业机密，做到不该问的不问，不该看的不看，不与无关人员谈论公司的内部情况。

4.11 积极参加政治、业务学习，加强军事训练，不断提高业务水平和身体素质。

5 相关支持文件。

（无）

6 质量记录表格。

（无）

7 相关附件。

（无）

十 保安员行为规范

1 目的。

规范保安员的行为，塑造保安员良好形象与精神风貌，提高服务水平。

2 适用范围。

全体保安人员。

3 职责。

3.1 行政人事部对保卫部实行监督。

3.2 保卫部负责人对全体保安人员的执行实施进行监管。

3.3 保安主管对保安员负责检查和考评。

3.4 当班保安班长负责督促和检查队员的仪容、仪表和用语规范。

3.5 全体保安人员遵照《行为规范》具体实施执行。

4 内容。

4.1 仪容仪表。

4.1.1 制服穿着要合体，保持服装整洁，衣领、袖口要保持干净；不要将袖口和裤腿卷起来，衬衣下摆不要外露。不得披衣、敞怀，保安制服和便服不得混穿。

4.1.2 执勤时必须按规定着保安制服，佩戴好武装带、防卫器械以及帽徽、肩章、领花或胸花；要扣好领扣和领钩；如穿开领制服，必须内穿衬衣，打好领带。

4.1.3 值勤着制服时，男队员不准留大包头、大鬓角和蓄长发、胡须，指甲要经常修剪。女队员不得戴耳环、项链、戒指等饰物，不得描眉、涂口红、搽胭脂、染指甲。

4.1.4 养成良好卫生习惯，不乱丢烟头、果皮、纸屑，不随地吐痰及倒剩菜、剩饭、脏水；不要在执勤时擦鼻涕、剔牙齿、脱鞋袜、吃东西。

4.2 言行举止。

4.2.1 用语文明。在值勤中与人交谈时，态度要和善，语气要亲切，言辞要得体，给人以礼貌表现。

4.2.2 坐姿大方。在值勤中，坐姿要舒展、自然和大方。坐时上体要挺直，勿弯腰驼背，不要垂肩、摇腿、跷脚、晃身子，双膝应并拢，双手不可随意扶拉桌、椅，与人交谈时，更应坐得端正，两眼平视对方，显得精神饱满。

4.2.3 站姿端庄。站立值勤时，应收腹、直腰、挺胸，双肩稍后放平，双臂自然下垂，保持身体端正，给人一种轻松自然感觉，体现出保安员的雄姿。切忌站得东歪西斜，弓背凸肚。

4.2.4 行走稳健。行走时，身体要直立，抬头挺胸，平视前方，两腿有节奏地交替向前迈进，步伐应自然、稳健。在公共场合行走，要遵守交通规则；行人之间要礼让；与人交谈时要靠边站立；两人走路时不要勾肩搭背；穿制服走路时，不要吃东西、吸烟和将手插在裤兜内。

4.2.5 谈话自然。保安员无论在任何场合谈话，态度要诚恳大方，亲切自然，语词平和。问候注意使用礼貌语言。切忌装腔作势，高声谈笑，大呼小叫。

4.3 文明用语。

4.3.1 常用语。

您好、您请进、您贵姓、请您稍候、请您谅解、请您关照、对不起、很抱歉、打扰了、不客气、谢谢、再见、晚安。

4.3.2 称呼用语。

先生、小姐、太太、女士、夫人、阿姨、阿叔、阿伯、阿婶、阿爷、阿婆。

4.3.3 职业用语。

请您登记——谢谢！

请您把车停放好！

请您把车锁好！

请问您找谁？

对不起，这是安全制度，请合作！

请您出示停车卡！

请问，我能帮您做点什么？

对不起，打扰您一下！

不用谢，这是我应该做的！

对不起，请不要在草地里走！

谢谢您的合作！

您好，为确保您的安全，请您不要在车场玩耍！

您好，您的车位使用费是××元。这是您的收据，祝您一路顺风！

5 相关支持文件。

（无）

6 质量记录表格。

（无）

7 相关附件。

（无）

十一 保安员服务质量检查记录表

年　月　日

序号	检查内容	主要问题点	整改完成期限	复查结果及时间	不合格项整改及完成期限	不合格项整改验证结果及时间	备注

检查人员签名：

十二 查岗情况记录表

年 月 日

部 门	查岗时间	查岗情况	部门处理或整改结果	当值人	查岗人	备 注

十三　保安员交接班记录表

部门：

岗位		日期	年　月　日

值班情况：

交班人签名		时间		接班人签名		时间	

值班情况：

交班人签名		时间		接班人签名		时间	

值班情况：

交班人签名		时间		接班人签名		时间	

领导巡查留言：

十四　保安员值班记录表

日期		班次		值班员	
当值岗位					

值班记事

当值班长审阅：	保卫部领导审阅：

十五 _____年_____月保安员巡逻签到表

日期		1	2	3	4	5	6	7	8	9	10	11	12	13	14	15	16
早班	时间																
	时间																
	签到人																
中班	时间																
	时间																
	签到人																
晚班	时间																
	时间																
	签到人																

日期		17	18	19	20	21	22	23	24	25	26	27	28	29	30	31
早班	时间															
	时间															
	签到人															
中班	时间															
	时间															
	签到人															
晚班	时间															
	时间															
	签到人															

十六　保安员巡查记录表

部门：

巡查内容 问题描述　　　时　间				
1	公共设施：门、窗；公用电器；各种管道；明暗沟；道路、停车场；路灯；娱乐设施；各种指示牌、告示牌；各类围栏（围墙）；停车设施			
2	电梯机房、风机房有无非工作人员进出			
3	有无异味（煤气味、石油味、烟味等）特殊可疑气味			
4	有无异响（呻吟、惊呼、求救等）			
5	消防设备是否完好无损，有无火险隐患			
6	装修队有无违章装修			
7	有无可疑人或物品			
8	楼层照明是否按规定亮灯			
9	消防通道是否畅通			
10	辖区防盗门是否完好，是否有水溢出门外			
11	辖区及外围的卫生状况是否良好			
12	辖区及外围有无乱摆卖、派发传单的行为			
13	有无机动车进入非行驶区			
14	有无破坏辖区绿化植物和设施的行为			

年　　　月　　　日

十七　物资搬运放行条

部　门				年　　月　　日	
楼层、房号			搬进/出		
房主（业主）			身份证号		
申办人			身份证号		
搬 运 物 资 名 称					
1					
2					
3					
4					
5					
6					
车牌号码		管理公司经办人		保安员	

备注：

第二部分 消防管理

一 灭火各组人员安排

1 目的。

明确工作，分工配合，提高工作效率。

2 适用范围。

××国际商业广场保卫部消防工作。

3 职责。

3.1 消防总指挥对灭火组、抢救组、警戒组、设备通讯组、后勤组的分工和统筹指挥负责。

3.2 灭火组主要负责灭火工作。

3.3 抢救组主要负责救护运转伤员、疏散人员和转移物资工作。

3.4 警戒组主要负责火灾现场的警戒和维护秩序工作。

3.5 设备通讯组主要负责抢险救灾中需要动用的设备设施保障工作。

3.6 后勤组主要负责现场管理协调、灾后安置工作。

4 内容。

4.1 灭火应急原则。

4.1.1 在确认火警后，灭火人员应当在5~7分钟内到达火场灭火，控制火势蔓延，坚持"先救人，后灭火"的原则。

4.2 各组人员安排。

4.2.1 消防总指挥：保卫部长。

4.2.2 灭火组组长：保安经理；组员：保安队员。

4.2.3 抢救组组长：保洁主管；组员：保洁员。

4.2.4 警戒组组长：当值保安班长；组员：当值保安队员。

4.2.5 设备通讯组组长：工程主管；组员：监控中心值班员、机电人员。

4.2.6　后勤组组长：办公室主任；组员：公司办公室人员与其他人员。

4.3　灭火程序。

4.3.1　消防总指挥（若总指挥不在现场时，由消防经理、保安经理依次类推暂代消防总指挥）马上到消控中心指挥灭火工作，消控中心人员立即用对讲机向各组发出火灾信息，讲明发生火灾的详细地点。各组组长听到火灾信号后立即安排本组成员各就各位进行灭火相关工作。

4.3.2　消控中心立即启动送、排烟风机，打开送排烟阀，通知设备组人员切断着火区域的煤气及电源。同时将电梯迫降至首层，消防梯待命。

4.3.3　灭火组迅速到达火场按下消防栓按钮，用消防栓、灭火器等消防工具进行灭火，灭火组长及时向总指挥汇报火场情况。

4.3.4　设备通讯组组长立即组织人员到达相应的工作岗位，确保各类设施设备投入正常运行。

4.3.5　抢救组以消防楼梯为通道，转移受火势威胁的易燃、易爆等物品，及救护运转伤员和疏散人员的工作。但转移物品和救护及疏散人员不可在同一通道内进行。

4.3.6　后勤组立即到着火区域的首层通道外守候等待救护受伤人员，并组织对人员的疏散工作。做好灾后的各项统计工作和人员安置工作。

4.3.7　警戒组负责着火区域的警戒工作，组织疏散火场无关人员，疏散时采用"只许出、不许进"的原则，负责引导消防、急救车辆到达事故现场，维护火场秩序。

4.3.8　在火灾的初期阶段，灭火组可直接进入着火区域利用消火栓、灭火器进行灭火。当火势较猛时，着火楼层要在楼梯口设置水枪阵地，不断向前推进。在进行灭火期间，严格按照救人重于灭火的原则先救人后灭火。

4.3.9　扑灭火灾后，监控中心值班员解除火警，灭火总指挥配合消防机关清理火场，灭火组长负责记录相关情况。

4.3.10　若火灾仍无法扑灭，各组人员继续坚守岗位配合消防机关做好灭火相关工作。

4.3.11　灭火期间，各组人员要坚守各自岗位，做好抢险救援工作，发现情况及时向上级领导报告。

4.4　紧急疏散注意事项。

4.4.1　消控中心人员用消防广播或用其他措施提醒人员在安全疏散时要讲明注意事项。通过消防广播反复向着火区域进行广播。次序是：着火楼层——着火楼层以上各层——有可能蔓延的着火楼层以下的楼层或整栋楼层。明确疏散路线及注意事项。稳定人员情绪，防止出现混乱现象（语言是"现在××位置××层××区发生火灾，请各人关好门窗后迅速走消防通道离开，请不要乘坐电梯，请不要惊慌，保持镇定，听从管理人员及消防人员的指挥，请不要携带大件物品，请随身携带湿毛巾以备用，请随手关好防火门"等)。

4.4.2　抢救组在指挥疏散时应按先着火楼层、后上下各层的顺序进行疏散人员。疏散中应按先老、幼、病、残、孕、弱，后一般人员的顺序进行疏散。

4.4.3　指挥疏散人员应选择正确、快捷的疏散路线进行安全疏散。在疏散过程中防止出现人员拥挤、踏伤、摔伤等事故。遇到混乱现象应坚决制止，必要时可采取强制措施，切实保证疏散过程中人员的安全。

4.4.4　若烟雾浓密时，应指挥疏散人员尽量贴近地面行走并以湿毛巾或其他措施遮盖面部以免被烟雾熏晕。

4.4.5　如果安全疏散通道被火封死，灭火组应以水枪开路，扑灭明火、烟雾和防止轰燃发生。

4.4.6　消防通道被火封死无法进行疏散时，可将人员疏散至顶层、平台等比较安全的地带暂时躲避，利用其他方式积极与外界联系，等待救援。

4.4.7　疏散抢救人员时，执行任务者不得少于二人，若进入烟火封锁区必须佩戴安全保护器具。

4.4.8　办公室人员做好火警区域外的秩序及后勤保障工作，对重伤病人员负责送往医院进行医疗。

4.4.9　全体义务消防队员在消防部门到达后要积极配合灭火工作。

5　相关支持文件。

(无)

6　质量记录表格。

(无)

7　相关附件。

(无)

二　灭火应急方案

1　目的。

做到灭火工作有序不乱，提高工作效率；加快灭火速度，减少人员伤亡和财物损失。

2　适用范围。

××国际商业广场的消防工作。

3 职责。

3.1 消防总指挥对整个灭火方案负责。

3.2 灭火过程中按照各组分工，各组组长对自己分管任务负责。

3.3 所有消防灭火工作人员对灭火工作的完成负责。

4 内容。

4.1 报警。

首先通过电话通知消防总指挥，同时根据火情拨打"119"火警电话报警，讲清楚火灾具体位置、着火的性质、火势等基本情况。

4.2 灭火。

4.2.1 确定火场情况：一查火场是否有人被困；二查燃烧的是什么物质；三查从哪里到火场最近。一看火烟定风向、定火势、定性质；二看建筑定结构、定通道；三看环境、定重点、定人力、定灭火路线。

4.2.2 确定灭火策略：室内火灾，内攻近战；楼房火灾，分屋截击；下层火灾，上层设防。在人力分配上要做到灭火救人同步进行。

4.2.3 灭火方法：冷却灭火法、隔离灭火法、抑制灭火法、窒息法等方法。

4.2.4 救人：火场寻人时应注意主动搜寻或询问知情人，做到动作迅速、沉着冷静、注意安全。在火场搜寻儿童时应注意墙角及可以藏身的物体下面。

4.3 安全疏散。

4.3.1 安全疏散时要先从着火层开始，利用喊话宣传方式稳定群众的情绪。如疏散中人员较多或烟雾较浓能见度较低时，应采用鱼贯队列式的方法进行安全疏散。对疏散中的伤病员及行动不便的人员应使用消防电梯进行安全疏散。在安全疏散过程中切记人员疏散与物质疏散不可在同一通道内进行。

4.3.2 尽量利用建筑物内已有的设施，如消防电梯、消防通道、疏散层、建筑物救生天面等进行安全疏散。

4.3.3 在疏散时要告诫人员不要随身携带大件物品，应随手关闭卷闸门，以免发生更大的损失。

4.3.4 对于还没有被困的人员，应由消防员鼓励或带领沿着消防楼梯以低俯冲姿势下楼梯，当不能从预定的消防楼梯疏散时，由消防队员带领登上天面或通过阳台、天桥等相连接的部位疏散到安全区域。

4.3.5 在进行疏散工作时应记住切勿使用载客电梯进行安全疏散。

引导自救，当有客户被火围困时，应通过电话等通讯工具告知其自救的办法，引导他们自救脱险。

4.4 自救的办法。

4.4.1 使用床单、台布等连接起来作为救生绳，把一头紧固在窗框部位，沿布绳降到下层的方法。

4.4.2 爬出窗台蹲在墙的突出部位，等待营救。

4.4.3 双人互相配合采用接力的方法降落到下一层。

4.4.4 密封门窗，堵塞孔洞以防烟雾进入房间，用水淋湿门、窗降温，清除这些部位的易燃物品，防止火势蔓延到房间内，并留在房间内等待营救。

4.4.5 利用外墙的水管、排污管等攀落到下一层的方法。在引导自救时应注意提醒客户切勿跳楼，应鼓励他们自己创造避难场所。

4.5 物资疏散与隔离及保护。

4.5.1 疏散物资是灭火战斗中的一项重要任务，对受火灾威胁的各种物资，以及人员的贵重物品、车辆、设备和图书档案资料等是进行疏散还是就地保护，要根据火场的具体情况决定，其目的是尽量避免或减少国家、私人财产的损失。

4.5.2 疏散保护隔离物资，主要在下列情况下进行：

4.5.2.1 重要物资受到火、烟等威胁而无法保护时，要进行疏散，特别是贵重的不能用水扑救的物资，必须立即抢救和疏散。

4.5.2.2 易燃、易爆、化学物品、有毒物品等有危险时，必须抓紧时间进行疏散或加强保护措施。

4.5.2.3 当物资妨碍消防队员接近火源而影响灭火时，要进行搬移或疏散。

4.5.2.4 对能够助长火势蔓延的物资，要予以疏散或隔离。

4.5.2.5 在疏散物资时应注意先疏散可能扩大火势和爆炸的物资。对高层建筑火灾中难以疏散的物资采取固定的大型机器设备，用喷射雾状水流设置水幕等方法冷却，不能用水冷却的，也可用不燃或难燃材料予以遮盖；对于易燃液体，可喷射泡沫予以覆盖；对于忌水渍、烟熏、灰尘污染的物资，应用篷布进行遮盖的措施进行保护。

4.6 防排烟。

4.6.1 在扑救建筑初期火灾时，为了增大视距，降低烟气扩散，采取防排烟的措施，是保证人员安全，加快灭火进程的必要措施，具体措施有：

4.6.1.1 启动送风排烟设备，对疏散楼梯间、通道走廊保持正压风排烟的措施。

4.6.1.2 启开疏散楼梯的自然通风窗。

4.6.1.3 关闭防火区的防火门、防烟门。

4.6.1.4 把载客电梯全部迫降至首层锁好，并禁止使用。

4.6.1.5 使用喷雾水流进行排烟。

4.6.1.6 使用湿毛巾捂住口鼻、匍匐地面进行防烟。

4.6.1.7 在防排烟时应注意不要过多地打开着火层下部的门窗，以防由于中性平面效应使压力平面下降。

4.7 注意防爆。

4.7.1 扑救火灾中防爆的问题，一是防止易爆物体受热而产生的爆炸；二是防止产生轰燃。因此，在扑救火灾时，要注意做到以下几点：

4.7.1.1 把处于或可能受火势威胁的易燃易爆物品迅速清理出楼外。

4.7.1.2 对受到火势威胁的液化贮器、石油新产品贮罐进行加强冷却。

4.7.1.3 打开着火房间的房门时，要站在房门打开方向的另一侧，要缓慢地开启房门，同时要使用喷雾水流掩护。

4.7.1.4 扑救房间火灾，要坚持正确的射流方法，防止轰燃发生。

4.8 现场救护。

扑救火灾时，为防止扩大人员伤亡事故，后勤组应组织人员及时对伤员进行护理，然后送往医院救治。在火场急救时应坚持救人重于灭火的原则，抢救伤员必须争分夺秒，施救人员必须掌握正确的施救方法。

4.9 安全警戒。

4.9.1 为保证扑救火灾疏散与抢救人员的工作有序且顺利地进行，必须对着火区域现场内外采取安全警卫措施。安全警戒的部位，包括在建筑物外围、大楼首层出入口、着火层分别设置警戒区，设置警卫人员。

4.9.1.1 着火现场外围警戒任务：清除路障，指导一切无关车辆离开现场，劝导过路行人撤离现场，维持好现场外围的秩序，迎接消防队，为消防队到达现场灭火创造有利条件。

4.9.1.2 各出入口警戒任务：不准无关人员进入楼内，指导疏散人员离开着火现场区域，看管好从楼内疏散下来的人员，防止其重返火场，看管好从着火层疏散下来的物件，保证消防电梯为消防人员专用，引导消防队员进入着火楼层，为消防队伍的灭火行动维持好秩序。

4.9.1.3 着火层下一层的警戒任务是：不准无关人员进入或再登上着火楼层，防止坏人趁火打劫、浑水摸鱼或乘机制造混乱，保护好消防装备器材，引导疏散人员向下一层有秩序地疏散。

4.10 后勤保障。

后勤保障内容：一是保证水电供应不间断；二是保证灭火器材和运输车辆；三是积极协助灭火单位，提供支援项目、保障器材的供应；四是及时将伤员进行紧急救护和送往医院。

5 相关支持文件。

（无）

6 质量记录表格。

（无）

7 相关附件。

（无）

三 消防管理规程

1 目的。

规范消防管理事项，预防事故发生。

2 适用范围。

××国际商业广场保卫部消防管理工作。

3 职责。

3.1 消防主管领导对规程贯彻执行并对实施过程进行监督。

3.2 消防队员具体执行规程的各项具体工作。

4 内容。

4.1 把预防火灾的思想放在首位，做到"预防为主，防消结合"。

4.2 严禁损坏、挪用消防器材，随意使用消防水源。

4.3 严禁封闭或损坏安全疏散指示、事故照明或消防标志等。

4.4 严禁堵塞消防通道、楼梯、天台出口或其他安全疏散口。

4.5 室内装修，必须先申报，经批准后方可施工。

4.6 严禁使用不符合防火要求、未经防火处理的材料进行装修。

4.7 进行室内装修需要增设电气线路时，必须符合安全规定，严禁乱拉乱接电气线路，擅自更改消防设备。

4.8 烧焊等重大作业，应向管理公司提出申请，审批后在管理公司人员的监督下方可作业，严禁未办理和非持证作业人员进行作业。

4.9 严禁在仓库内存放大量易燃、易爆和化学物品，严禁储存烟花爆竹、炸药、雷管及各类危险物品。

4.10 严禁在公用场所内堆放燃油、油漆、天拿水及其他可燃性溶剂以及泡沫塑料、纸、布等易燃易爆物品。

4.11 严禁将烟头及其他带火物品投向户外，严禁在通道、楼梯、阳台上焚烧香纸及堆放物品。

4.12　各业主（商户）应服从消防机关和管理公司有关消防方面的管理监督。

4.13　管理公司全体员工及业主（商户）为所属区域内义务消防员，有义务做好消防安全防范工作，并积极参与扑灭初期火灾。

4.14　管理公司应每季度对管辖区域范围消防设施进行检查，发现问题及时处理。

4.15　管理公司定期组织举行消防演习，并将结果填写于《消防演习情况记录表》。

4.16　管辖区内全体人员一旦发现火警，应立即向管理公司消控中心报告。经确认火警后，消控中心应立即通知消防总指挥，经授权后及时拨打电话"119"报警，通知消防单位前来灭火。消防总指挥应及时组织义务消防队灭火，立足自救与扑灭初期火灾的原则，通过管辖区现有的消防设施及器材进行灭火工作。

5　相关支持文件。

（无）

6　质量记录表格。

《消防演习情况记录表》。

7　相关附件。

（无）

四　消防栓检查与保养

1　目的。

为保证消火栓部件齐全、性能良好，灭火时能及时正常地输出消防水。

2　适用范围。

××国际商业广场保卫部消防管理工作。

3　职责。

3.1　由消防主管负责督导、组织实施。

3.2　由保安队员具体实施检查工作。

4　内容。

4.1　消火栓的检查工作由保安部负责完成。

4.2　消火栓检查为每季度检查一次。

4.3　消火栓检查内容包括以下各项：

4.3.1　检查消火栓门关闭是否良好，锁、玻璃有无损坏。

4.3.2　检查消火栓内消火栓阀轮转动是否灵活，有无锈死、漏水等现象。

4.3.3　检查消火栓内报警按钮是否保持良好状态，表面玻璃有无损坏。

4.3.4　检查消火栓内消防水带有无短缺、破损、发霉等现象。

4.3.5　检查消火栓内水枪头、水带接头有无损坏。

4.3.6　检查消火栓内的消防小锤是否短缺。

4.3.7　检查消火栓内器件是否摆放整齐，卫生是否干净。

4.3.8　以上检查内容如发现问题，及时通知相关部门维修整改处理。

5　相关支持文件。

（无）

6　质量记录表格。

（无）

7　相关附件。

（无）

五　消防检查内容与标准

1　目的。

保障消防处工作有力、运作正常。

2　适用范围。

××国际商业广场保卫部消防工作。

3　职责。

3.1　管理公司机电工程部门负责消防设备设施的检查。

3.2　管理公司保安部对消防疏散系统、灭火系统、报警系统和其他有违消防规定的行为进行检查。

4　内容。

4.1　供电系统。

4.1.1　应急发电机能否手动、自动开启。

4.1.2　发电机有无定期试运行。

4.1.3　蓄电池能否保持恒充电，备用油量是否充足。

4.1.4　配电房供电指示灯是否完好。

4.1.5 配电房有无工作记录，是否齐全，符合要求。

4.2 供水系统。

4.2.1 消防泵、喷淋泵能否手动、自动开启。

4.2.2 消防泵、喷淋泵有无定期试运行。

4.2.3 消防泵、喷淋泵运行状况是否良好，有无损坏。

4.2.4 水泵房工作记录是否齐全符合要求。

4.2.5 消防水箱有无定期检查，水位是否符合要求。

4.2.6 消防阀门、管道是否完好。

4.3 疏散系统。

4.3.1 疏散标志是否齐全完好。

4.3.2 疏散楼梯、通道是否畅通，有无占用现象。

4.3.3 消防电梯是否运行正常，有无定期保养。

4.3.4 应急照明系统有无定期测试和保养。

4.3.5 各防烟、防火门有无封锁现象。

4.3.6 各楼层公用照明是否完好。

4.4 送、排烟及加压系统。

4.4.1 送、排烟及加压系统有无定期试运行。

4.4.2 送、排烟及加压系统压力是否正常充足。

4.4.3 送、排烟及加压系统管道是否畅通。

4.4.4 送、排烟及加压系统是否开到自动状态。

4.4.5 送、排烟及加压系统装修时有无损坏、改动。

4.5 灭火系统。

4.5.1 消火栓有无定期检查测试、是否完好、配件是否齐全，待用状态是否良好。

4.5.2 气体自动控制灭火系统有无按规定进行保养，待用状态是否良好。

4.5.3 防火卷帘门系统是否定期测试和保养，待用状态是否良好。

4.5.4 灭火器有无定期检查测试、补充更换，待用状态是否良好。

4.5.5 消防设施配置是否合理。

4.6 报警系统。

4.6.1 消防按钮有无定期检查测试，是否灵敏。

4.6.2 火灾探测器（烟感、温感）有无定期检查测试，是否灵敏。

4.6.3 各楼层分线箱有无定期检查巡视，是否完好。

4.6.4 报警器、联动控制柜是否定期保养。

4.7 通讯系统。

4.7.1 消防中心报警电话有无被占用现象。

4.7.2 各楼层插孔电话系统是否正常。

4.7.3 通讯系统有无定期测试和保养。

4.7.4 各楼层消防广播是否定期测试和保养。

4.8 其他。

4.8.1 易燃、易爆等危险品的贮存、使用是否符合安全要求，贮存容器、管道有无定期测试，有无跑、冒、滴、漏现象。

4.8.2 在要害部门对烟头、遗留火种是否注意和处理好。

4.8.3 仓库内货物、物资分类及存放是否符合规定，库房内灯泡规定是否在 60 瓦以下，货物、物品的间距、堆距、堆放高度、通风、室温是否符合防火要求。

4.8.4 电器设备运行是否正常，有无超负荷运行；电缆、电线的绝缘有无老化、受潮、漏电、短路等；电动机有无空转现象；防雷设备是否完好，有无乱拉电线现象。

4.8.5 使用的多种可燃、易燃油类是否符合安全操作要求，以及残油、废气的处理情况。

4.8.6 危险场所动火是否按规定申办手续，焊工操作是否达到"八不"、"四要"、"一清"要求。

4.8.6.1 "八不"是：

A. 防火、灭火设施不落实不动火。

B. 周围的易燃杂物未清除不动火。

C. 附近难以移动的易燃结构未采取安全防范措施不动火。

D. 凡盛装过油类等易燃液体的容器、管道，未经洗刷干净，排除残存的油质不动火。

E. 凡盛装过气体受热膨胀有爆炸危险的容器和管道不动火。

F. 凡储存有易燃、易爆物品的仓库和场所，未经排除易燃易爆危险的不动火。

G. 在高空进行焊接或切割作业时，下面的可燃物品未处理或未采取安全防护措施的不动火。

H. 没有配备相应的灭火器材不动火。

4.8.6.2 "四要"是：

A. 动火前要指定现场安全负责人。

B. 现场安全负责人和动火人员必须经常注意动火情况，发现不安全苗头时要立即停止动火。

C. 发生火灾、爆炸事故时，要及时补救。

D. 动火人员要严格执行安全操作规程。

4.8.6.3 "一清"是：

动火人员和现场工作负责人在动火后，应彻底清理现场火种才能离开现场。

4.9 使用有毒、有害气体的场所，是否有防毒的安全措施。

4.10 消防器材及消防系统的完好情况，各部门的消防器材有无管理好和到期换药。

4.11 安全员对商厦出入人员是否进行严密监察，对携带易燃易爆等危险品的人员是否严格把关等。

5 相关支持文件。

（无）

6 质量记录表格。

（无）

7 相关附件。

（无）

六　消防器材操作与考核评分表

序号	内容	得分成绩	12	10	8	6	4	实得分	备注
1	抛水带		8″	9″	10″	11″	12″		
2	卷水带		32″	36″	40″	45″	50″		
3	灭火器（1211）		11″	32″	50″	40″	9″		
4	合计								
5	动作标准	①抛水带：右手或双手将水带提起，中指扣在水带下方，食指、拇指扣在上方水带，朝正前方抛出后，迅速轻放在地上，抓起上方水带接口向前方跑，而在跑的同时将水带枪头接上，到位后示意"好"，下方的水带接口迅速连接在消防栓上。水带抛出后要完全打开，不能斜，水枪枪头和水带接口要连接准确牢固。 ②卷水带：水带折叠后平伸，上方水带略短，用双手卷起水带后，用左手（右手）拖起，右手（左手）卡住下拉，卷好后上方水带接口应在下方水带接口的后侧。水带卷起后要紧、整齐。 ③灭火器：右手提灭火器的提把或肩扛灭火器带到火场。在距燃烧处 5 米左右，放下灭火器，左手拔出保险销，右手握住开启压把，右手握在喷射软管前端的喷嘴处。如灭火器无喷射软管，右手握住开启压把，左手扶住灭火器底部的底圈部分。先将喷嘴对准燃烧处，用力握紧开启压把，使灭火器喷射。当扑救可燃烧液体时，使用者应对准火焰根部由远而近并左右扫射，向前快速推进，直至火焰全部扑灭。							

七　灭火器检查卡

部门：

项　　目	1 季度	2 季度	3 季度	4 季度
压　　力				
重　　量				
外　　观				
检查结果				
检 查 人				
检查日期				

八　消防栓检查卡

部门：

项　　目	1 季度	2 季度	3 季度	4 季度
箱内水带、喷嘴齐全，摆放整齐				
软管及水带无老化、霉变、接口完好				
各阀门把手无漏水、锈蚀				
消防栓按钮闭合，模块、玻璃、小锤、门锁齐全				
检查结果				
检查人				
检查日期				

　　为了您的安全，请爱护消防设施。

九 紧急集合情况记录表

部门：

召集人				监督人			
指定地点			起始时间	年 月 日 时 分 秒至 分 秒			
召集对象			应到人数		实到人数		
序号	姓名	到达时间	备注	序号	姓名	到达时间	备注
1				19			
2				20			
3				21			
4				22			
5				23			
6				24			
7				25			
8				26			
9				27			
10				28			
11				29			
12				30			
13				31			
14				32			
15				33			
16				34			
17				35			
18				36			

十 消防应急器材检查表

部门：　　　　　　　　　　　　　　　　　　检查日期：

序　号	名　称	规　格	数　量	检查情况及处理结果	检查人

十一　消防演练记录表

年　　月　　日　　　　　　　　　　　　　　　　记录人：

单位 名称		负责人	
参演 部门		人数	
演 练 内 容			
演 练 结 果			
存 在 问 题			
解 决 方 法			
备 注			

第三部分　车辆管理

一　停车场安全管理规定

1　目的。

规范停车场管理，有效堵塞安全漏洞。

2　适用范围。

适合××国际商业广场停车场。

3　职责。

3.1　保安经理完善有关手续和规定。

3.2　保安主管负责规定的实施和监督，并落实有关设备设施。

3.3　车辆管理员具体执行本规定有关细节事项。

4　内容。

4.1　做好防火、防盗、防破坏、防事故工作。

4.2　严格执行"五有"办场标准及实行"三公开"制度。

4.3　必须具有"五有"办场标准。

4.3.1　有完善的申办手续（即公安交管局停车场许可证、工商营业执照、地方税务登记证）。

4.3.2　有安全围栏（围墙）设施。

4.3.3　有值班岗亭。

4.3.4　有管理制度和管理职责。

4.3.5　有专职管理员。

4.4　在值班室明显位置，悬挂有"三公开"制度，即公开"三证"（机动车停车场许可证、工商营业证、税务登记证）；公开停车场责任人与管理员姓名及照片；公开收费标准。

4.5　在出入口设立明显的标志，标明停车场名称、性质类别等。

4.6　属永久性固定停车场必须漆划停车位线并按位编号，临时停车场也必须因地制宜，尽可能划位编号。

4.7　必须有消防器材标识，挂在办公室（岗亭）内方便取用之处。

4.8　机动车停车场不得改变功能，场内不得进行车辆维修、装卸货物、拉客营运，不准搭棚住人、摆卖等经营活动。

4.9　不准闲杂人员进入滞留，场内须保持清洁卫生。

4.10　自行车、摩托车停车场必须集中管理，设立摩托车停放架，露天车场必须搭建整齐规范的自行车、摩托车避雨棚，并按位编号。

4.11　场内所有车辆必须摆放整齐划一，通道内严禁停车，装载易燃、剧毒物品的车辆，禁止进入场内保管。

4.12　严格财务制度，健全票证管理，完善领用手续，票证要专人专管、日清月结。

5　相关支持文件。

（无）

6　质量记录表格。

（无）

7　相关附件。

（无）

二　车场岗操作规程

1　工作流程图。

2　工作程序。

2.1　按《交接班操作规程》与上一班进行交接。

2.2　车辆进出。

2.3　指挥车辆进出，保持停车场交通畅顺。

2.4　正确指挥车辆泊位。

2.5　对车辆进行外观检查，并仔细填写《停车场车辆情况登记表》，发现异常应当场让车主确认。

2.6　加强车辆巡查，防止车辆被刮、被擦。

3　跟踪处理遗留问题，并做好记录。

4　维护停车场秩序。

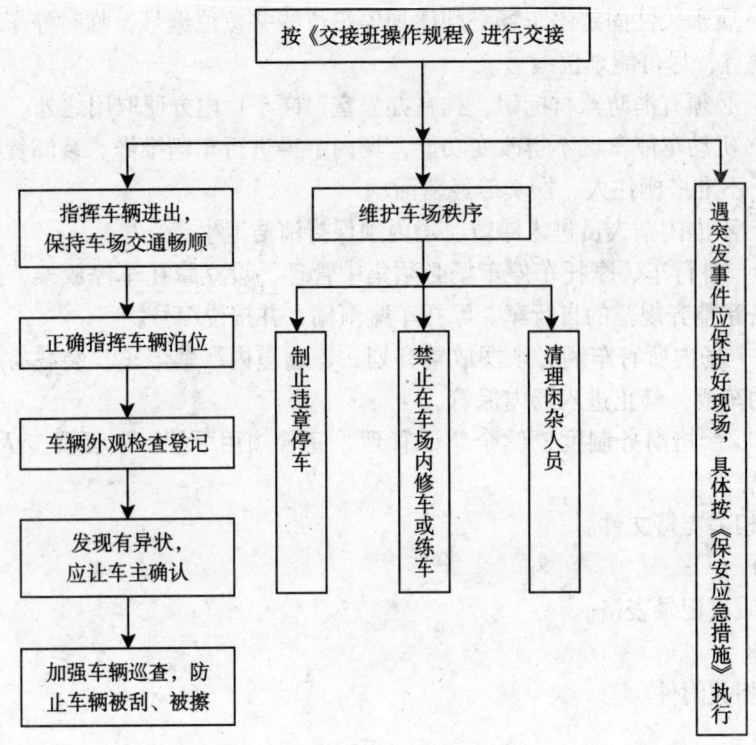

4.1 禁止在停车场内修车或练车。

4.2 无画线的地方、消防通道不准车辆停放，严禁违章停车。

4.3 摆卖、乞讨等闲杂人员不准进入停车场内，清理闲杂人员。

5 遇突发事件应保护好现场，具体按《保安应急措施》执行。

6 交班前检查场内各种设备的完好情况，认真填写《交接班记录表》。

7 相关文件。

7.1 《交接班操作规程》。

7.2 《停车场车辆情况登记表》。

7.3 《保安应急措施》。

7.4 《交接班记录表》。

三 车辆进出岗操作规程

1 工作流程图。

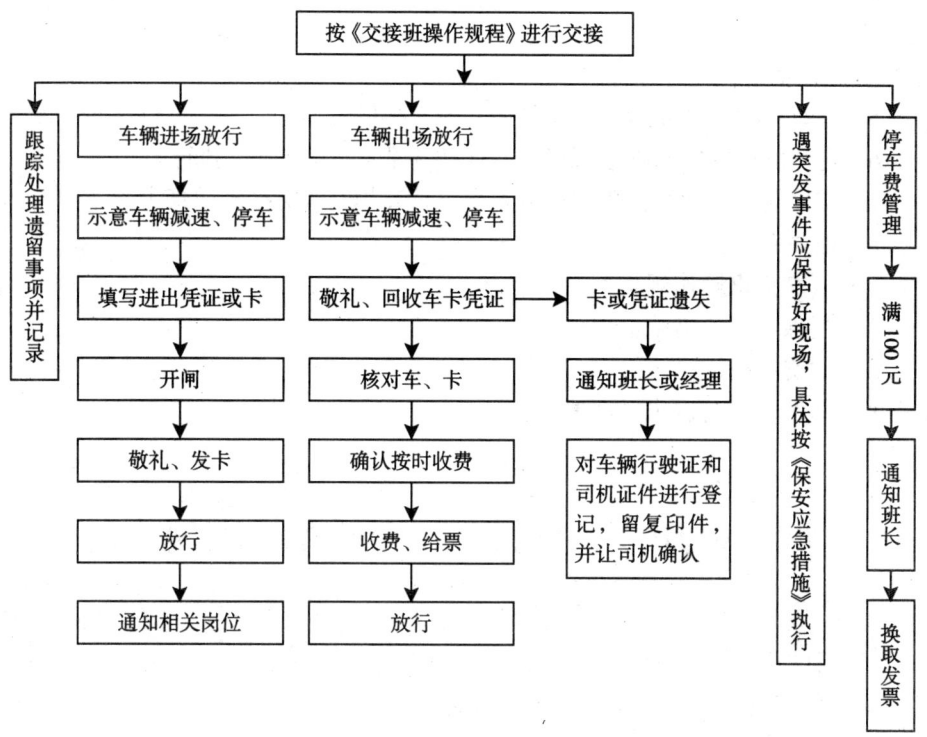

2 工作程序。

2.1 按《交接班操作规程》与上一班进行交接。

2.2 跟踪处理遗留的问题，并做好记录。

3 车辆进场放行。

3.1 挡车杆应经常保持放下状态，安全员应示意车辆减速、停车。

3.2 安全员填写车辆进出凭证或车主自行刷卡。

3.3 打开挡车杆，安全员走到司机位旁边立正、敬礼，把进出凭证交给司机。

3.4 车辆放行并通知相关岗位。

4　车辆出场放行。

4.1　示意车辆减速、停车。

4.2　安全员走到司机位旁立正、敬礼，回收车卡凭证。如果卡或凭证遗失，安全员应立即通知班长或队长，认真填写《车辆临时进出凭证遗失登记表》，对车辆行驶证和司机的有效证件进行登记，留复印件，让司机确认，并存档，以便追溯。

4.3　核对车卡是否一致，并核算好该车在场内停放的时间，按规定收费，先收钱后给票。

4.4　车辆放行。

5　停车费满 100 元时，安全员通知班长换取发票。

6　遇突发事件应保护好现场，具体按《保安应急措施》执行。

7　交班前，要做好值班室周围卫生，认真填写《交接班记录表》。

8　相关文件。

8.1　《交接班操作规程》。

8.2　《保安应急措施》。

8.3　《交接班记录表》。

8.4　《车辆临时进出凭证遗失登记表》。

四　机动车、自行车、摩托车管理规定

1　目的。

规范停车场车辆停放秩序，预防车辆被盗。

2　适用范围。

××国际商业广场保卫部车辆管理。

3　职责。

3.1　当值保安班长负责监督指导。

3.2　由保卫部分管停车场的保安员负责执行具体任务。

4　内容。

4.1　停车场内各相关路段均设有引路标识，凡画有黄横线之地，禁停任何车辆，车辆只可停放在白线划定的车位。

4.2　车辆进入停车场请按指引路线行驶，关注相关行车提示牌，禁鸣喇叭，并请慢速行驶（5公里/小时），关注周边情况，不可随意行驶，遇到非机动车、行人，应礼让之而后再行。

4.3 本停车场为收费停车场。

4.4 停车场各交叉路口均设有摄像头 24 小时监控，凡违章停车者，司机将接受商城保卫部一小时的培训。

4.5 凡进入停车场停放的机动车辆，离开时请锁好车门、关好车窗、车内勿放贵重物品。

4.6 凡停放在商城指定车位之任何车辆，一旦被盗均由车主向保险公司索赔；商城保卫部应在显著位置提示车主"本停车场仅提供车位使用，不负保管责任"。

4.7 摩托车、自行车停放在指定位置，将车锁好，向管理员索取停车卡（牌）。

4.8 摩托车、自行车在保管期间如车主遗失停车牌，须赔偿停车牌工本费10 元；商户停放在停车场内之机动车辆如买了月卡，停放时勿忘向保安员索要停车牌，取车时把牌归还保安。

4.9 凡不按商城保卫部上述规定停放车辆者，为防被盗，商城保卫部将采取临时保护措施，派人特别保护，车主到后需在违章单上签字，交付车辆临时保管费后，方可将车开走。

4.10 办理车辆看护卡（即保管卡），车主要求对其车辆进行保管的可到商城保卫部申请办理，并签订相关保管协议，交付相关费用，领取保管卡。

4.11 凡拒绝办证，未与商城保卫部签订保管协议，视为无车主车，一旦发生车辆被盗，责任由车主自负。

5 相关支持文件。

（无）

6 质量记录表格。

（无）

7 相关附件。

《停车月卡》。

附件：《停车月卡》

□ 停车月卡
车牌号：
车主：
车位：　　　　区　　号
有效期：　　年　月　日至　　年　月　日（章）

五　停车场车辆情况登记表

部门：

日期	车牌	驶入时间	现停车位	车况	验车人	驶出时间	值班人	备注

六 停车场出入登记表

进场		车牌号码	车 型	颜 色	车辆状况	停车卡卡号	离场		值班员	备 注
日期	时间						日期	时间		

七 停车场遗失停车卡离场登记表

离场时间	车管员填写						车辆驾驶员填写					备注
	车主姓名	行驶证号	驾驶员姓名	身份证号码	车管员签名	车辆号码	车型	颜色	遗失原因	驾驶员签名		

注: 1. 车管员根据驾驶员提供的有关证件填写。
2. 备注内容可填写驾驶员外貌特征等。
3. 不得漏登、错登，如有涂改，须另起一栏填写。

八　停车场值班记录表

年　月　日　　　　　　　　　　　　　　　　　　　　　　　　No.

车库名称		班次		时间		点至　　点

值班记录：

交班车辆登记：		交班人		接班人	
		时间：　点　分		时间：　点　分	
		班长		主管	

车库名称		班次		时间		点至　　点

值班记录：

交班车辆登记：		交班人		接班人	
		时间：　点　分		时间：　点　分	
		班长		主管	

车库名称		班次		时间		点至　　点

值班记录：

交班车辆登记：		交班人		接班人	
		时间：　点　分		时间：　点　分	
		班长		主管	

第四部分 应急管理

一 突发事件处理流程图

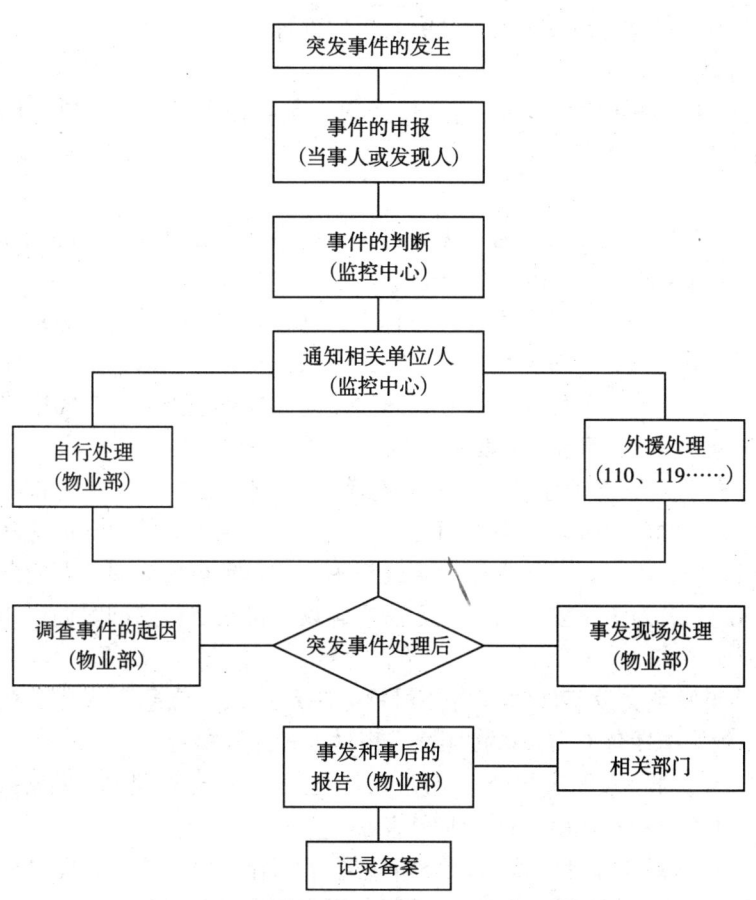

二 突发事件处理标准

1 目的。

规范管理，提高处突工作效率。

2 适用范围。

××国际商业广场管理公司及相关安全保卫部门。

3 职责。

3.1 监控中心值班员负责信息、指令的传递和定点区域监控。

3.2 各部门处突预案人员担任突发事件处理人员。

4 内容。

4.1 指挥处理突发事件的信息传递中心是监控中心，各岗位工作人员一旦发现有突发事件或其征兆产生须立即向监控中心报告；监控中心实行 24 小时值班制。

4.2 监控中心接到报告后，需对各类突发事件做出迅速准确的判断，以最快速度通知有关部门和人员进行处理。

4.3 监控中心在处理突发事件过程中，须按程序传递信息，分级找人；当某一级无人响应时应立即告知其上一级，直至公司领导。遇有重大、特殊、紧急情况，在通报有关单位的同时应立即向公司领导直接报告。在需联络、通知人员较多的情况下，可通过在场人员的所有电话进行联络。

4.4 公司领导要对各部门人员做统筹安排，保证每天 24 小时都有人能够响应监控中心的应急呼唤。各部门配合人员接到监控中心的通知后应在第一时间内赶到现场，不得以任何理由拖延或拒不到位，到场后立即按照应急处理方法解决问题。若对人员安排、处理方法有异议，可在执行的同时商讨或事后找有关领导反映。

4.5 当发生突发事件时，由公司领导决定进入"应急"状态。在此状态下，公司领导指挥各部门人员按照突发事件处理流程执行。

4.6 为了能够及时有效处理突发事件，公司在日常管理中定期安排人员对突发事件处理流程和程序进行培训和演练。

4.7 突发事件处理完成后，公司应进行总结，并将事件处理过程进行记录、备案。同时，根据事件原因，进行分析和采取预防措施，进一步完善突发事件处理方案。

5 相关支持文件。

（无）

6 质量记录表格。

6.1 《紧急集合情况登记表》。

6.2 《紧急事件处理记录表》。

7 相关附件。

（无）

三 盗窃、匪警、打架斗殴、酗酒闹事等 突发事件处理流程图

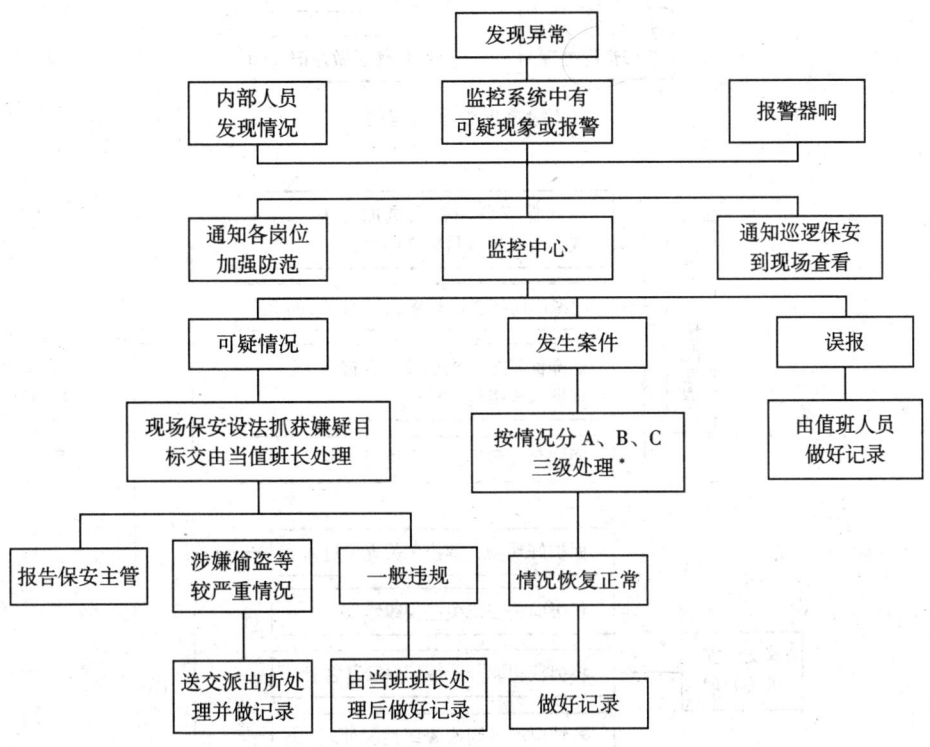

*：A、B、C 三级处理流程图见后两页。

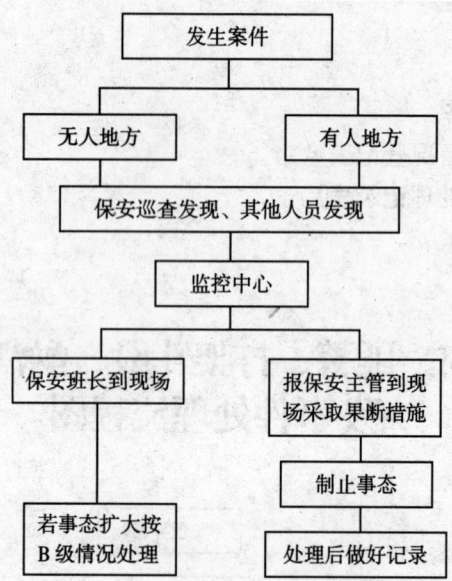

C 级情况处理流程图

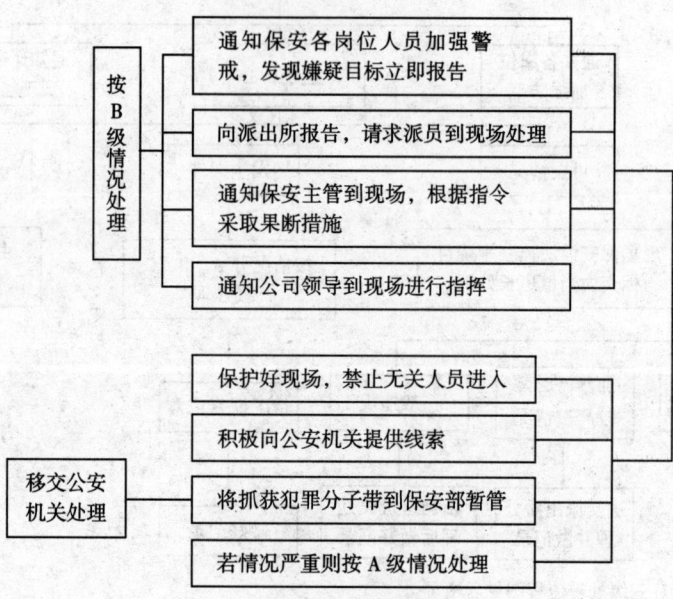

B 级情况处理流程图

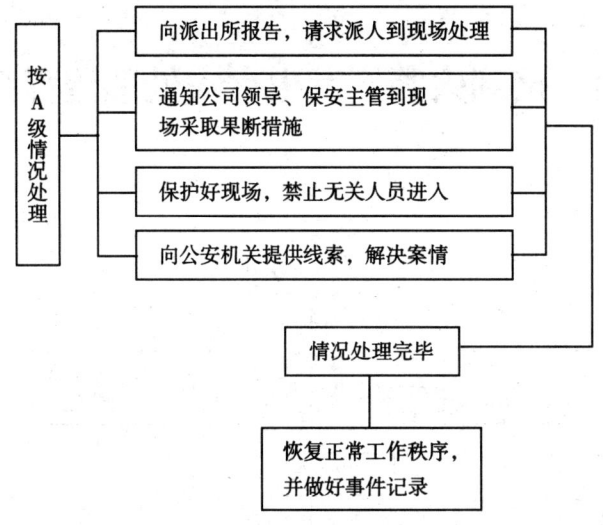

A 级情况处理流程图

四　接到火警、发生火灾处理流程图

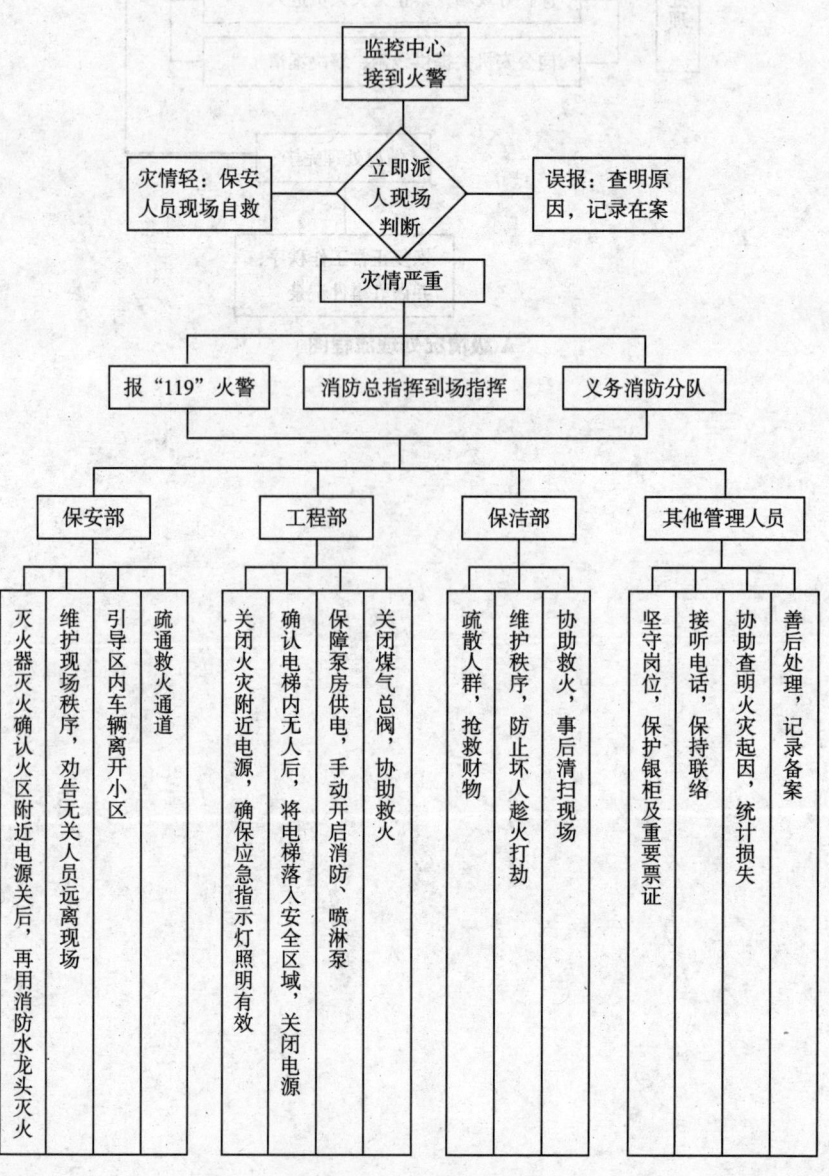

五 公共卫生类的突发事件处理预案

发生不明原因传染性极强疾病；食物、水或有毒气体中毒等公共卫生类的突发事件时按以下流程处理：

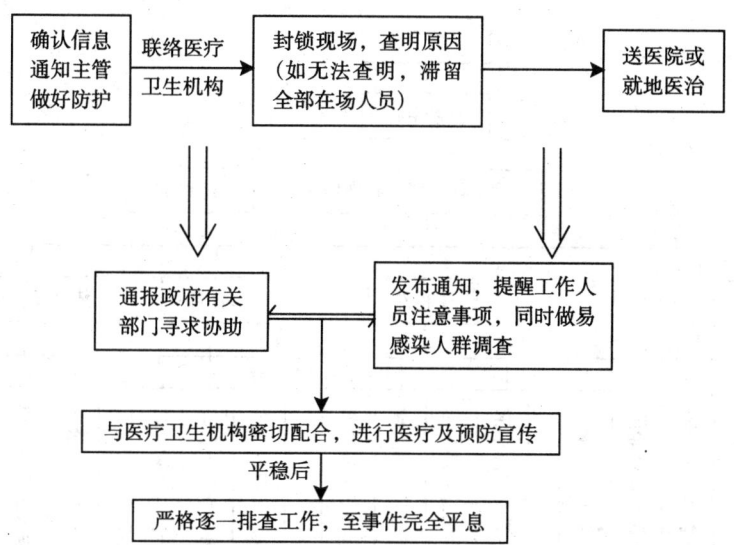

六　自然灾害类的突发事件处理预案

发生水灾、雪灾、风暴、地震等自然灾害类的突发事件时，按以下流程处理：

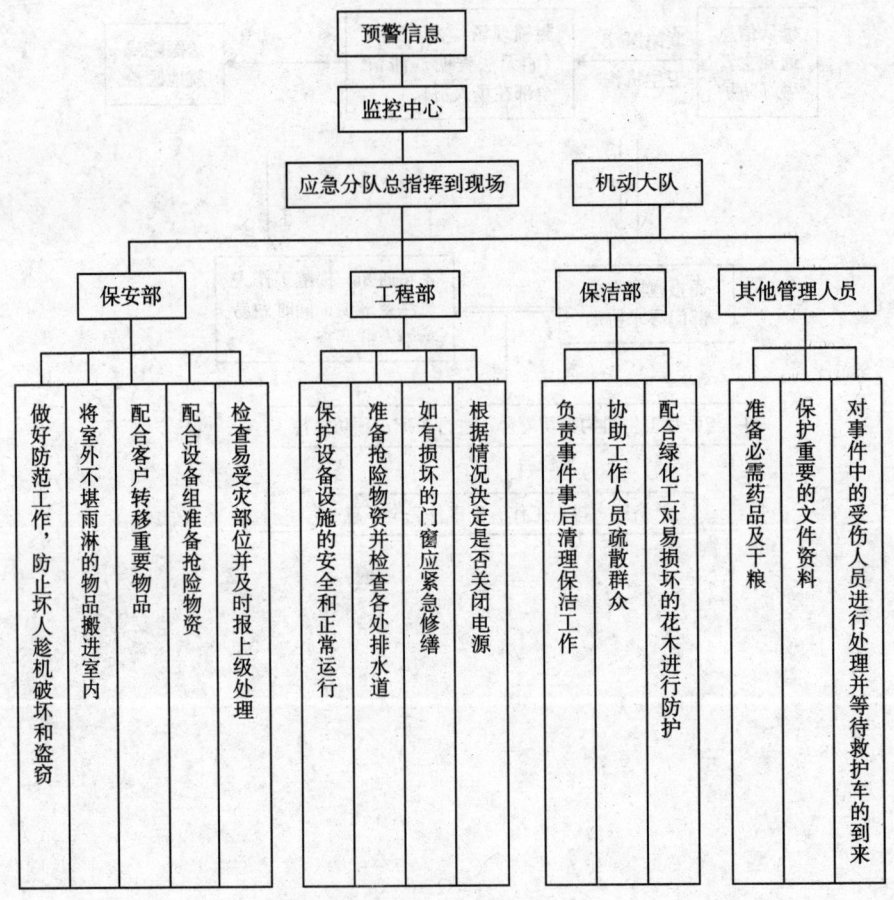

七　电梯困人事件处理流程图

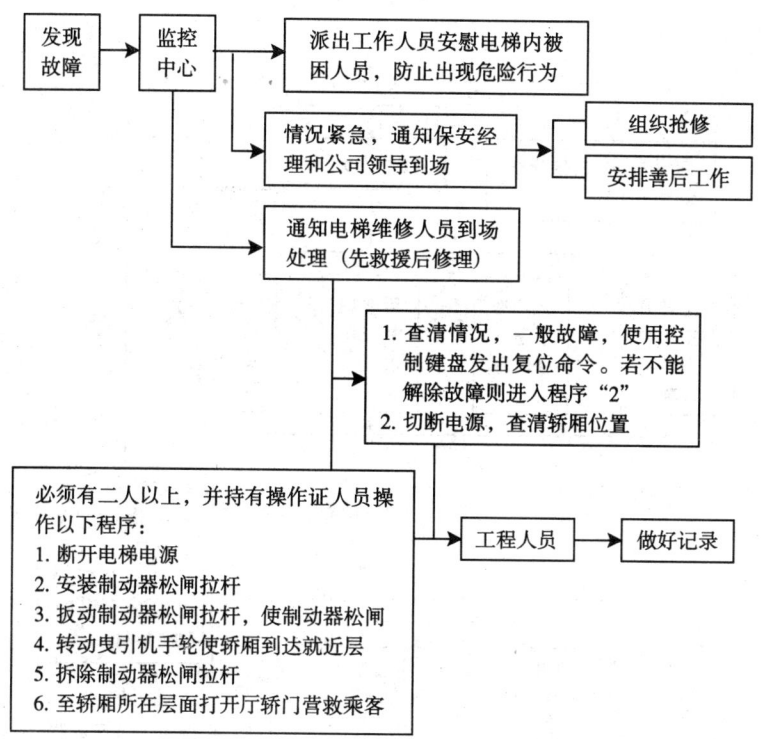

八　水浸事件处理预案

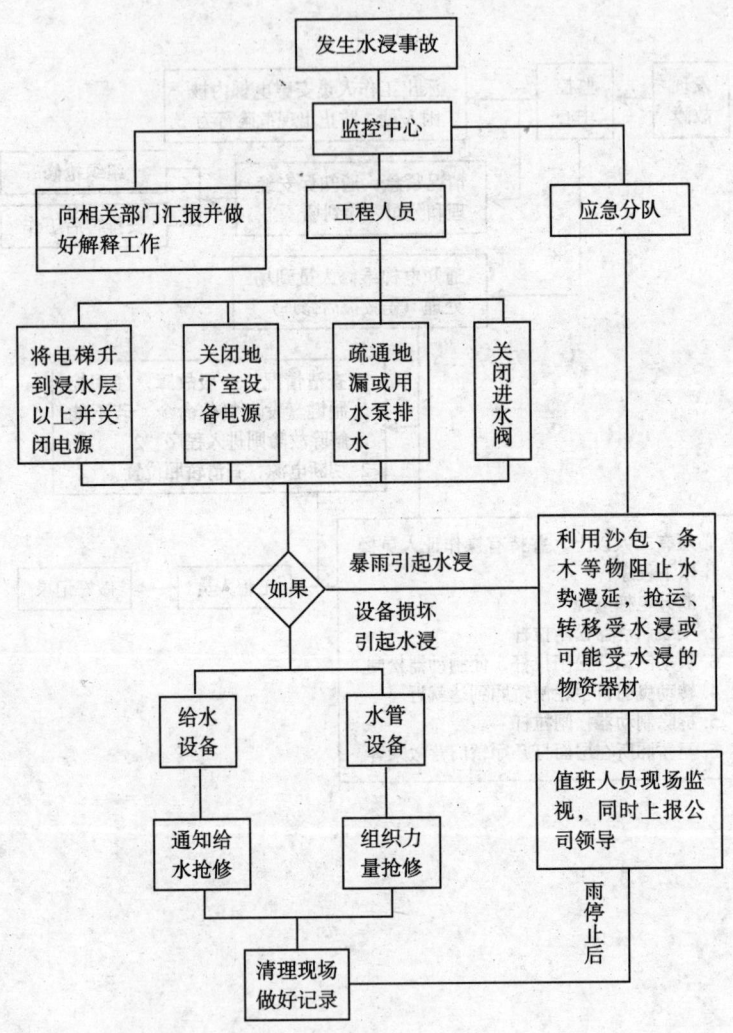

九 紧急集合情况记录表

部门：

召集人				监督人			
指定地点				起始时间		年 月 日 时 分 秒至 分 秒	
召集对象				应到人数		实到人数	
序号	姓名	到达时间	备注	序号	姓名	到达时间	备注
1				19			
2				20			
3				21			
4				22			
5				23			
6				24			
7				25			
8				26			
9				27			
10				28			
11				29			
12				30			
13				31			
14				32			
15				33			
16				34			
17				35			
18				36			

十　紧急事件处理记录表

部门：

事件名称					
责任部门		事发时间		事发地点	

事件记录：

记录人：　　年　月　日

处理经过：

处理人：　　年　月　日

部门负责人意见：

签名：　　年　月　日

存档：　　年　月　日

第五部分　商场火灾天火疏散预案

一　火警、火灾应急处理程序图

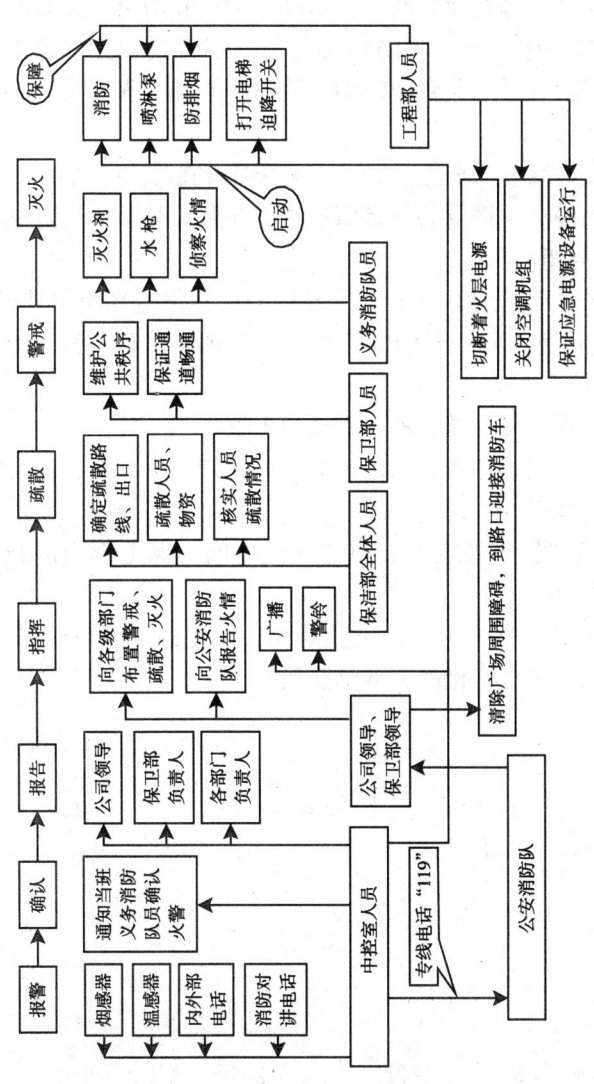

二 灭火应急疏散预案组织机构及示意图

1 灭火行动组人员。

组长：保卫部当值领班；副组长：工程部当值主管。

灭火人员：当值的各门岗、地下车库岗、车场岗、内场巡检、机动岗和增援的义务消防队员（非营业时间：夜班驻守人员和增援的义务消防队员）。

工程部设备操作人员：消防中心值班、巡检员和工程部配电、空调、电梯、给排水等当值人员（非营业时间：消防中心和工程部当值人员）。

2 通讯联络组人员。

组长：当值广播员（非营业时间：保卫部当值人员）。

成员：消防中心、楼层服务台值班员（非营业时间：消防中心当值人员）。

3 疏散引导组人员。

组长：保洁部当值管理人员（非营业时间：保卫部当值领班）。

成员：（非营业时间：保洁部人员、当值的各路口门岗、地下车库岗、货梯岗当值保安员）。

内围人员：保洁部人员和地下室值班保安员。

外围人员：当值的各路口门岗、地下车库岗、货梯岗、当值保安员。

4 安全防范救护组人员。

组长：营运部当值管理人员（非营业时间：保卫部当值领班）。副组长：行政人事部负责人。

成员：当值营运部人员（非营业时间：当值的各路口门岗、地下车库岗、货梯岗、当值保安员和增援的义务消防员）。

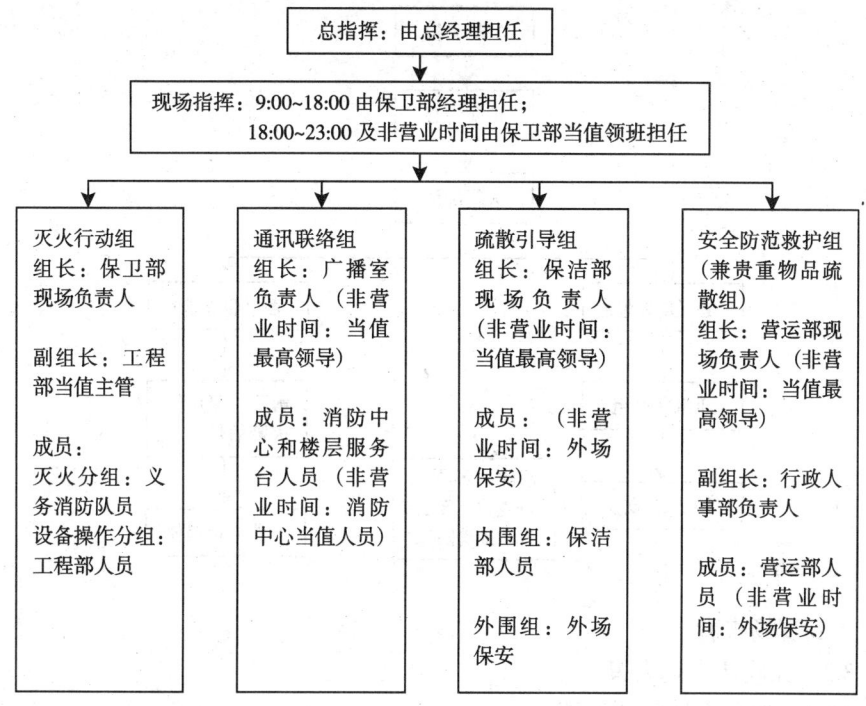

三 报警和接警处置程序

1 报警和接警处置示意图。

2 报警程序。

2.1 发现火灾，立即拨打消防中心外线电话×××（内线电话×××）、消防对讲电话或手动按报警按钮向消防中心报警。

2.2 通讯联络组负责立即向消防局拨打"119"火警电话报警（报警人要讲清着火单位、路名、门牌号、起火部位、燃烧性质、目前情况及本人姓名、电话联系号码等）。

2.3 向消防队报警完毕后，即向消防主管及以上领导报告。

2.4 商业管理公司最高行政领导接到报告后，必须及时召集本单位的有关人员到火灾现场。

3 接警程序。

3.1 消防中心接到火警信息（无论是自动信号报警，还是手动报警），立

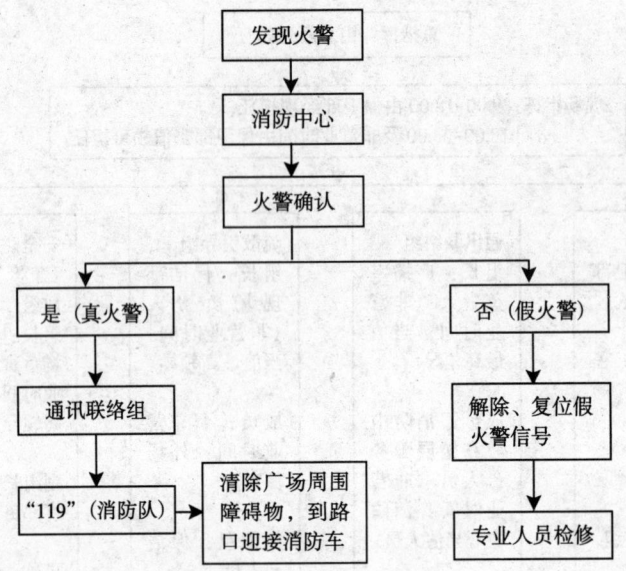

即派人到现场查看。

3.2 如确认为真火警。

3.2.1 向公安消防队报警。

3.2.2 向消防主管以上领导报告，由管理公司当值最高行政领导和有关人员（保卫、工程、营运部等部负责人）选择合适部门成立临时救灾指挥部。

3.2.3 在救火指挥部统一指挥下，通讯联络小组通知其他各组人员各就各位，展开疏散、救护、灭火、警戒战斗。

3.2.4 机电工程部及时切断非消防电源，迫降客梯、货梯归底，停空调、启动相应的应急广播、消防水泵及联动控制系统等（非营业时间：保卫部夜班领班安排人员打开相应的大门和通道）。

3.3 消防中心如确认为假火警，则解除、复位假火警信号，记录假火警地址，通知专业人员到现场检查缘故。

四 应急疏散的组织程序和措施

1 应急疏散的组织程序。

根据"救人第一"的指导思想，充分利用现有的一切宣传工具（广播、室内音响等设备）和人员展开疏散和救护工作。

1.1 内围疏散。

1.1.1 在接到广播等方式通知后，保洁部当值管理人员立即组织工作人员和地下车场岗保安员，疏散现场顾客和其他工作人员。

1.1.2 稳定人员情绪，引导人员按疏散路线、方向选就近的消防通道，先疏散着火层的顾客和员工。

1.1.3 接着疏散着火层上、下一层的顾客和员工。

1.1.4 最后疏散其他楼层的顾客和员工。

1.1.5 公安消防队到来后，疏散商场灭火作战的义务消防队员；负责疏散的人员在确认引导疏散完毕后立即自行逃生，到疏散集合地（商城北面步行街），清点人数，同时向消防中心报告疏散情况。

1.2 外围疏散。

1.2.1 清理路障，指引一切无关车辆离开现场，劝导过路行人撤离现场，维持好外围秩序，迎接消防车，引领消防队员到达火灾现场，为消防队员到场灭火创造有利条件和争取时机。

1.2.2 配合保洁部安置疏散楼层内出来的顾客、员工及围观的群众，保障消防车作战空间和登高平台。

1.2.3 火灾扑灭后，在火灾区域设立警戒区，保护好火灾现场，禁止无关人员进入，并积极配合协助公安消防部门调查火灾原因。

2 紧急疏散措施。

2.1 内围疏散措施。

2.1.1 各楼层负责疏散工作的保洁员，先引导顾客和其他工作人员从楼层安全出口进入防烟楼梯进行疏散，顾客和其他工作人员疏散完毕后，负责疏散工作的人员方可撤离。

2.1.2 在疏散路线上设立哨位，向被困人员指明疏散方向。

2.1.3 若就近的安全出口被火势围困，应通过疏散走道迅速转移到另一安全出口逃生。

2.1.4 由保洁部查清是否有人留在着火点或应疏散的区域内，要求逐一检查，做到一个不漏，向消防中心报告后安置疏散下来的人员，并做好稳定情绪的工作。

2.1.5 疏散时严禁乘坐电梯（包括消防电梯）。

2.1.6 被大火围困的人员由公安消防队员利用消防电梯或者其他措施进行营救。

2.2 外围疏散措施。

2.2.1　先疏散停车场的车辆，确保消防车道畅通，做好迎接消防队灭火车辆到来的工作。

2.2.2　保安员分划出警界线，及时疏散车辆及围观群众，制止无关人员入内。

2.2.3　遇到伤、老、病、残人员要优先给予照顾，如有伤员要及时拨打"120"求救。

五　扑救初起火灾的程序和措施

1　接到火警命令后，当值的灭火行动组成员立即到达火灾现场，在现场指挥员的指挥下展开战斗。

2　灭火分组根据火情，一部分人就近取用灭火器材进行扑救，另一部分人同时取用就近消火栓抛开水带进行灭火。

3　机电工程部设备操作人员先切断非消防用电，检查、启动消防水泵联动系统、应急照明系统、应急广播系统等，迫降客梯、货梯归底，停空调，然后协助灭火分组启动有关消防设备，有效灭火。

4　公安消防队到达现场后，商场现场指挥部的一切行动服从公安消防队的统一指挥，商场的灭火人员要服从公安消防队灭火作战指挥，不得擅自进行灭火行动。

六　消防监控中心应急措施及广播词

1　监控中心在发生紧急情况（火灾、地震、骚乱）时按以下程序处理：

1.1　通知公司领导、保卫部经理、消防主管、机电工程部经理到监控室。

1.2　通知工程部各专业执行应急措施。

1.3　停止播出背景音乐，把部分广播强制切换到事故广播上，播出事故广播磁带。

1.4　对事故区域录像，根据具体情况作出相应处理。

2　第一种情况：火灾较轻、火势小，而且着火范围只限于某一层局部时，执行如下程序：

2.1 开启对应楼层消防警铃。

2.2 关闭对应楼层的空调设备。

2.3 打开对应楼层和风道的排烟阀。

2.4 按消防保安员要求放下对应区域防火卷帘。

2.5 按消防保安员要求还应打开正压送风机、喷淋泵和消火栓泵。

这种情况下的播音词为:"××楼层的顾客朋友和工作人员请注意,××楼层现发生轻微火情,请大家沿消防疏散通道撤离至××楼层,不要乘升降梯和手扶梯,谢谢合作!"

3 第二种情况:火灾较重,着火范围大,火势蔓延迅速时,执行如下程序:

3.1 开启全部楼层消防警铃。

3.2 拨打"119"通知消防队灭火。

3.3 关闭商场所有区空调柜机和新风机。

3.4 打开着火区域对应的防火排烟阀。

3.5 打开正压送风机。

3.6 关闭着火区域消防卷帘门。

3.7 打开消防喷淋泵和消火栓泵。

这种情况下的播音词为:"商场内的全体工作人员和顾客朋友请注意,商场内现发生火灾,请大家沿消防疏散通道迅速撤离,不要乘升降梯和手扶梯,谢谢合作!"

4 第三种情况:发生地震时,处理程序如下:

4.1 关闭商场所有柜机和新风机。

4.2 关闭设备电源。

4.3 接通知后撤离。

这种情况下的播音词为:"商场的全体顾客朋友和工作人员请注意,现发生地震,请大家沿消防疏散通道迅速撤离本商场,不要乘升降梯和手扶梯,谢谢合作!"

5 第四种情况:发生骚乱时,处理程序如下:

5.1 拨打"110"向公安局报告。

5.2 通过摄像机跟踪事态发展。

这种情况下的播音词为:"商场的全体顾客朋友和工作人员请注意,现发生紧急情况,请大家沿消防疏散通道迅速撤离本商场,不要乘升降梯和手扶梯,谢谢合作!"

七　人员疏导路线

1　商场每层楼平面分成×个防火分区，对应×个消防疏散主通道；地下商场分为×个防火分区。

当发生火情时，疏散小组接到命令后，立即疏散着火层人员；接着疏散火层的上一层（由下向上逐层疏散）；再疏散火层的下一层（由上向下逐层疏散）。

2　整个疏散工作，由保洁部现场负责人任疏散组组长（非营业时间由保卫部当值领班任组长）统一指挥；每层的疏散工作，由保洁部楼层负责人和数名义务消防队员完成，负责指挥和组织顾客和员工，优先撤出相应着火楼层；立即选择就近通道或大门撤出火灾现场。

3　严禁乘坐各类电梯，同时，还将通过广播通知商场所有顾客员工，避免因行动不便或没有听到疏散通知而滞留在商场的任一顾客或员工。

保洁、绿化、消杀管理篇

第一部分 保洁管理

一 清洁机械使用、保养、管理程序

1 目的。

通过正确使用、保养和严格的管理，延长机械的使用寿命，节约成本，提高工作效率。

2 适用范围。

适用于专业清洁机械的操作。

3 职责。

3.1 清洁人员按日常的工作程序实施清洁工作及机械的保养、管理工作。

3.2 清洁班长负责对清洁人员的日常工作进行巡查、指导。

4 洗地机。

用于硬性地面清洗。

4.1 操作程序。

4.1.1 装地刷与针盘，并使地刷与针盘按逆时针方向旋转。

4.1.2 按比例往水箱内注入清水和清洁剂。

4.1.3 插上电源，按下调节开关，将手柄杆调至适合自己的高度。

4.1.4 从最靠近电源插座的地方开始操作机器，防止机器压过电线。

4.2 注意事项。

4.2.1 工作时必须避免刷子接触电源线，以免电源线卷进刷子内。

4.2.2 开动洗地机时，电源线要在操作者的背后。

4.2.3 使用清洁剂时，注意不要让水弄湿马达。

4.2.4 使用完毕，要注意安全，不要随便使手离开手柄，放开操纵杆，等机器完全停止后再切断电源，卸下地刷与针盘。

4.3 保养工作。

4.3.1　使用完毕，把机身及配件清洗干净。

4.3.2　用干净布擦净机器、电线，将电线绕回机挂钩，机器必须存放在干燥地方。

5　吸尘机。

用于地面、地毯、墙面等较平整部位吸尘的专用清洁设备。

5.1　操作程序。

5.1.1　把软管接在机身上，插入 220 伏电源。

5.1.2　开动时按顶上的开关按钮。

5.1.3　吸硬地面时，把吸嘴毛刷伸出，吸地毯时毛刷收入吸嘴内。

5.2　注意事项。

5.2.1　使用前，检查机内尘袋是否已清尘。

5.2.2　使用后，检查尘袋，如满尘需倒尘，用另一吸尘机吸去机内及尘袋外微尘。

5.2.3　干性吸尘机，切勿把水分吸入机内。

5.3　保养工作。

5.3.1　使用完毕后切断电源，取下软管和管夹头，将绕好的电线挂于机身外壳。

5.3.2　将软管松开卷成一圈，或挂在墙上。

6　吸水机。

专用于清除积水。

6.1　操作程序。

6.1.1　把软管接在机身上，插入 220 伏电源。

6.1.2　吸地面时用带软胶的吸扒，吸地毯时用铁扒吸水。

6.1.3　吸水机如果满水时，会发出不同的响声，应及时把水倒掉。

6.2　注意事项。

6.2.1　使用前，检查机内是否已倒水。

6.2.2　使用后，倒掉污水后用清水清洗，再用干布抹干净。

6.2.3　如机内吸入酸性清洁剂，用后即刻清洗干净以免生锈。

6.3　保养工作。

6.3.1　机器使用后切断电源，卸下软管和管把，然后将电源线绕好挂于机头壳。

6.3.2　吸水机内过滤器要拆开进行清洁。

6.3.3　机身不锈钢壳用保养蜡进行保养。

7　抛光机。

专用于地面抛光，适用于大理石、花岗石、木质地板等各种平整硬质地面的抛光。

7.1　操作程序。

7.1.1　抛光前需干擦以除去地坪表面废物，并湿擦以除去砂石屑。

7.1.2　检查抛光机的抛光刷是否干净、是否要更换。

7.1.3　检查调节机速的控制器是否在正常机速的位置。

7.1.4　接通电源，操作应从电源插座最近的地方开始，行走路线为一直线，后面抛光的地面应重叠于前面已抛光的地面。

7.2　注意事项。

7.2.1　在工作时不要将机速开行太快，以免碰撞。

7.2.2　不可用易燃的液体来洗地板，或者在易爆的空气中操作机器。

7.2.3　操作机器时，不可抬起操作杆，这会导致机器失控。

7.2.4　机器必须放在室内，不可淋到雨和雪，绝不可以使机器顶端被喷到任何液体。

7.2.5　不可在机器上压东西，因为它有一个精密的平衡，当操作需移动操作杆时，必须移动全部电线。

7.2.6　地线必须和开关盒、马达相连，接错将导致操作人员触电、休克。

7.3　保养工作。

7.3.1　每次使用后，需用干净布擦净机器表面，不用时，用一只不用的抛光垫放在驱动盘下面，并断开机器电源。

7.3.2　检查马达罩上的通气口是否畅通，如灰尘聚积较多，必须卸下马达外壳并用吸尘器除去灰尘。

8　高压水枪。

8.1　用于冲洗外墙、玻璃、广场地面、汽车、塑料地毯等。

8.2　操作程序。

8.2.1　把水管接在机身上，然后把水管接在水龙头上，插入220伏电源。

8.2.2　开动机身电源开关。

8.2.3　冲洗计划好的地方。

8.3　注意事项。

8.3.1　使用前检查机器及水管是否损坏。

8.3.2　使用后必须将水管内的水放干净。

8.4　记录。

（无）

二　地面打蜡作业规程

1　目的。

保持地面光亮，提高地面的使用率。

2　适用范围。

适用于大理石地面打蜡。

3　职责。

清洁员负责所有大理石地面、墙面的打蜡工作。

4　主要内容。

4.1　大理石地面上蜡。

4.1.1　准备工具：告示牌、洗地机配套、吸尘机配套、蜡、起蜡水等。

4.1.2　在工作现场放置上蜡告示牌，然后全面清理地面垃圾。

4.1.3　抬起机座，套好黑色纤维座，装好水箱，插上电源插头。

4.1.4　配好起蜡水，装入多功能洗地机水箱内。

4.1.5　开动机器，拉动水箱控制杆，将起蜡水均匀涂在地板上。

4.1.6　控制机器走向，由左至右，来回走动 2~3 次。

4.1.7　上行下行之间互叠约 10 厘米。

4.1.8　约 5 分钟后用吸水机把起蜡水和旧蜡渍吸干。

4.1.9　用同样方法过清水或者用湿拖把拖 2 次，再用干拖把拖干净。

4.1.10　待地面干透后进行封蜡。

4.1.11　把落蜡拖把浸透蜡，把拖把放在压水夹上稍微夹后，将蜡水均匀涂在地面上。

4.1.12　层与层之间相隔约 30 分钟（以手感干爽为准）。

4.1.13　约三天后，待最后一层蜡干，用高速抛光机抛光。

4.1.14　大理石地面每二个月打蜡一次。

4.2　大理石墙面上蜡。

4.2.1　先用铲刀清除墙面上的旧蜡及杂物。

4.2.2　然后用配有洗洁精的清洁水从上到下清洗墙面。

4.2.3　用无绒的干毛巾抹干墙面上的水珠，并待其风干。

4.2.4　将少许固体墙蜡涂于清洁布上，轻微用力抹在墙面上。

4.2.5　用另一条清洁布用力擦拭，达到抛光的效果。

4.2.6 大理石墙面上蜡每六个月做一次。

5 注意事项。

5.1 按操作规程操作机械，防止损坏。

5.2 上蜡要均匀，层与层上蜡时间以较长为宜。

5.3 上墙蜡时脚下所垫之物要平稳牢固。

5.4 时间安排：凌晨无人行走时为宜。

5.5 打蜡前在适宜的地方放好告示牌。

6 记录。

（无）

7 附件。

（无）

三　清洁应急措施

1 目的。

保证在紧急情况下清洁员工能正确地处置和操作。

2 适用范围。

适用于商场的清洁卫生工作。

3 职责。

3.1 自管区域内的清洁员负责区域内卫生工作。

3.2 清洁班长负责对下属员工的工作调配及指导。

3.3 清洁主管负责对上述工作进行监督、检查。

4 领导莅临参观、视察时的应急措施。

4.1 清洁员应把垃圾桶洗干净，桶盖盖好、摆放整齐。

4.2 清洁员应把连廊、路标、告示牌、标识牌、报栏、凳子保洁一遍。

4.3 立即抽调轮休人员，规定的时间内将商业区道路干道及井盖、沙井扫洗干净，绿地无杂物，洁净率达99%以上。

5 客户投诉或巡视中发现的问题应急措施。

5.1 清洁班长应立即赶到现场，查证情况是否属实，如自己能解决的当即解决。

5.2 客户投诉较为严重的问题，清洁主管应立即赶到现场，即时解决投诉问题，并向投诉客户解释原因，表示歉意，同时请客户提出宝贵意见。

5.3 如工作量较大，则交由责任区清洁员处理，做到发现问题及时处理。

5.4 在处理完毕后，清洁班长应及时向投诉客户解释原因，表示歉意，同时请客户提出宝贵意见。

6 记录。

（无）

7 附件。

（无）

四 高空清洁作业程序

1 目的。

保持商厦外立面的清洁、美观及体现物业价值。

2 适用范围。

适用于××国际商业广场楼宇外立面高空清洁。

3 职责。

3.1 现场守卫人员负责对工作范围内的各个设备进行检查固定。

3.2 安全监督员应对工作现场的安全监督和检查。

4 主要内容。

4.1 作业条件。

4.1.1 气候条件：外墙清洗必须在良好的气候条件下进行，在作业前，要掌握天气预报情况，在有雾、下雨、刮大风及高温或低温等恶劣天气下，不适宜进行外墙清洁。

4.1.2 作业人员条件：要求 18 周岁以上男性公民，身体健康、血压正常、视力良好、无恐高症，必须经过严格的体检和专门的高空作业培训。

4.1.3 安全保护措施：必须选用符合安全标准的劳动保护工具，作业人员必须严格遵守高空作业的安全规范。

4.2 作业程序。

4.2.1 吊板的操作。

4.2.2 查看施工现场，制订作业方案。查看将要施工的周围环境，看是否有可能损坏现场的花草树木及其他财物，如果有，必须采取防护措施。

4.2.3 在将要进行高空作业的范围内设立告示牌并绑好围带，至少安排一名员工守卫，防止行人走进围带范围以内。同时，天台上也要配置一名员工守卫。

4.2.4 认真检查工作绳和安全绳，如果绳子有断裂或松散现象，应及时更换。放绳子以前必须先放好长板或护角，长板或护角下面必须铺上保护垫，并且要用绳子固定好。

4.2.5 检查天台上用来固定绳子的物体是否牢固，如果不牢固，就要用坠重或吊臂进行固定。

4.2.6 放好吊绳及安全绳以后，首先锁好安全锁，并检查是否装反；然后扣好自己的安全带，接着装好 U 型扣和吊板。在一般情况下，都在平台上装吊板，如果要站在墙上装吊板，身体必须向里面，以防 U 型扣掉出坠落楼下。

4.2.7 下板用的水桶必须特别加固，玻璃刮、羊毛套必须用绳子绑好，以防使用过程中掉落地面。

4.2.8 戴好安全帽准备下板，在下板前再次检查一遍所有工具是否做好安全措施（如绳子是否绑好；安全带、水桶等是否固定好）。如果楼层较低（十层或十层以下），吊绳必须先在吊板上绕圈，以确定人坐上去后不滑落。

4.2.9 高空作业，必须佩带安全带，安全带必须扣在安全绳上，每条安全绳只能一个人使用，不允许几个人合用一条安全绳。

4.2.10 操作人员坐于吊板规定位置，将所有用具扎连在吊板上。

4.2.11 缓缓将吊板下放，到达第一次工作位置。

4.2.12 用水枪对准工作位置喷水，初步除去尘灰，然后将清洁剂涂在墙面上，稍后用刮板或刷子擦拭，最后用抹布将墙面揩干。

4.2.13 边下滑、边作业，直至一趟作业完毕。降至地面后，卸下水桶、吊板等，再上屋顶开始第二次作业。

4.2.14 整个工作过程中，安全监督员应自始至终作现场安全监督。

4.2.15 将吊绳、安全绳收好，并检查一遍被损情况。如发现绳子被损，应作报废处理；如绳子完好，则送回仓库，放置于干燥通风的地方，并作绳子使用记录。

4.2.16 将其他工具擦拭干净，自锁器在弹簧处加润滑油。

4.2.17 高空作业时，遇到下雨、打雷、刮大风、视线不清等情况，必须立即停止。

4.2.18 高台搭架。

如果清洗外墙的楼层不超过四层或清洗大厦的裙楼部分时，用吊篮或用吊板都不方便，可用高台搭架方法。

4.2.18.1 在准备施工的范围内，应设置警告牌，围上围带，并至少有一名员工看守。

4.2.18.2　搭好第一层后，必须装配好 4 只脚撑，证实其稳固后才能往上搭第二层，依此类推。

4.2.18.3　每搭好一层，必须马上装好 4 只插销，只有安装好插销后，才能继续往上搭架。

4.2.18.4　五层以下必须每层至少安装 2 条长杆和 2 条短杆；五层以上必须每层至少安装 4 条长杆和 2 条短杆。

4.2.18.5　如搭架超过五层，必须用绳子绑牢附近的固定物（如柱身、护栏等）；如无固定物，四周需用绳及坠重固定好，或从天台、楼层放绳子拉紧。

4.2.18.6　准备上搭架作业的人员，必须穿着整齐的衣服、鞋、安全帽，并佩带好安全带。如果作业高度超过五层，必须从天台或楼层放下安全绳，安全带须扣在安全绳上。

4.2.18.7　放在高台搭架上的清洁用具，如水桶、玻璃刮、长杆等必须用绳子系好并固定在搭架上。

4.2.18.8　需要移动搭架时，架上的人员必须全部从搭架上撤回地面，绝对禁止人未撤离搭架就移动搭架。

4.2.18.9　移动搭架时，要先观察地面是否有石头等物体阻挡，如果有障碍物，必须清理后才能移动搭架，不能强行移架。

4.2.18.10　移动搭架时，如搭架太高（五层或五层以上），必须用绳子牵引着移动，或卸至五层以下再移动。

4.2.18.11　踏板放到最高处时，必须搭好护栏才能施工。

5　记录。

（无）

6　附件。

（无）

五　清洁工作检查方法

1　检查时间。

1.1　日检。

1.1.1　清洁班长每天至少检查每个楼内清洁工一个责任楼栋，检查每个楼外清洁工一个路段，发现问题及时纠正，并按相关规定、细则评分。

1.1.2　清洁绿化主管每天至少检查每个片区一个楼栋、一个路段，并将检查结果随时告知清洁班长，发现问题及时通知清洁班长处理。对清洁情况每天须向清洁工作的分管主任汇报。

1.1.3 保洁主管每天至少抽查一个楼栋、一个路段，对发现的问题，通知后勤部长及时处理。

1.2 周检。

保洁主管会同清洁班长、清洁工代表，在每周抽出半天时间，按清洁卫生周检表所规定的项目，进行全面检查。

1.3 月考评。

保洁主管会同清洁班长，以周检记录为依据，日检为参考，在每月 30 日前对清洁工一个月来的工作进行综合考评。

2 检查办法。

2.1 用手触摸部分楼道、扶手、墙面、门、信箱、管道、灯罩、字牌、栓、消防栓、玻璃、路标、告示牌、标识牌、报栏、路灯、凳子。

2.2 用目视的方法查看楼道、天台、绿地、雨水井、污水井、道路是否有烟头、树叶、纸屑等杂物，有无蜘蛛网、乱张贴。

2.3 评分标准。

2.3.1 90 分以上：责任区内干净、整洁，无垃圾袋、纸屑、蜘蛛网、烟头、树叶；垃圾桶、果皮箱干净；道路无泥沙、无积水、无污渍；责任区内无张贴；用手触摸公共场所的设施、设备及物品无灰尘等。

2.3.2 80 分以上：责任区内基本干净、整洁，但 100 米内仍有二个以下的如垃圾袋、纸屑、烟头、污渍等；道路有少许泥沙、积水、污渍现象，但不明显；有 2 处以下乱张贴、用手触摸公共场所的设施、设备及物品有少许灰尘。

2.3.3 60 分以上：责任区内基本干净、整洁，但有五个以下、二个以上的垃圾袋、烟头等杂物，垃圾桶、果皮箱有异味、污渍等；道路有泥沙、积水、杂物等，但不严重；用手触摸公共场所的设施、设备及物品有多处灰尘等。

2.3.4 60 分以下：责任区内大致干净，但有五个以上的垃圾袋、烟头等杂物；垃圾桶、果皮箱有异味、污渍等，道路有泥沙、积水、杂物等；用手触摸公共场所的设施、设备及物品有多处灰尘等。

3 月综合考评。

3.1 周检的平均分占月综合考评分的 60%。

3.2 日检的平均分占月综合考评分的 40%。

3.3 两项相比的分数即为月综合考评的分数。

4 记录。

（无）

5 附件。

（无）

六 清洁药剂使用规范

序号	名　称	数　量	备　注
1	省铜水	5 瓶/月（500 毫升）	对铜制标牌进行除垢除锈
2	玻璃清洁剂	3 加仑/月	增加玻璃光洁度，并消除静电功能
3	不锈钢光亮剂	2 加仑/月	在不锈钢表面镀上一层纯化保护膜，清洁增亮
4	干泡地毯水	5 加仑/月	清洗地毯，杀虫杀菌，消除异味
5	地毯除渍剂	1 加仑/月	对地毯上特殊污渍进行局部去污
6	起蜡水	2 加仑/季	去掉旧蜡、老渍
7	面蜡	2 加仑/季	增加地面"湿地效应"，保护地面石材、防滑、防尘
8	底蜡	2 加仑/季	防水
9	喷洁蜡	0.5 加仑/月	对蜡面进行修补
10	蜡面清洁剂	1 加仑/月	专用清洁蜡面，增加地面光度
11	二合一晶面处理剂	1 加仑/月	提高亮度，去除石材内部污迹
12	中性清洁剂	2 加仑/月	会所日常保洁
13	碱性清洁剂	2 加仑/月	瓷砖墙面定期清洁，去除顽固污垢
14	绿水（全能清洁剂）	2 加仑/月	日常保洁，无腐蚀，木质钢、较软石材等表面清洁
15	洁厕剂	2 加仑/月	卫生间、恭桶、小便器、洗手盆日常保洁
16	洗衣粉	12 大包/月	清洗工具、机械用
17	洗洁精	25 公斤/月	用于一般去污清洁场所
18	家私蜡	1 加仑/月	会所木质家私、扶手、墙面、清洁上光、防潮、防尘
19	润滑油	1 公斤/月	门、窗轴等处润滑保护防锈
20	擦光膏	2 瓶/月	去除各种深层污迹
21	尘推油	1 加仑/月	配合尘推使用，去除地面灰尘脚印，保持地面光泽，有静电功能
22	化油剂	0.5 加仑/月	清除油性污染
23	空气清新剂	0.5 加仑/月	卫生间、桑拿等处消除异味、净化空气
24	卫生球	6 袋/月	卫生间、桑拿避虫、蚁、异味
合计：		/月	

988

85

879

75

888

七　清洁工作检查规程及标准

1　目的。

保证管辖区环境的清洁卫生，对清洁工作作出评价。

2　适用范围。

适用于管辖区内的清洁卫生工作。

3　职责。

3.1　清洁班长负责清洁工作的作业指导和日常巡查。

3.2　保洁主管在日检时对清洁卫生工作加以抽查和周检。

4　内容。

4.1　清洁工自查：清洁工依据本岗位责任制、卫生要求、服务规范，对作业的效果进行自查，发现问题及时弥补、解决。

4.2　清洁班长检查：清洁班长在指定管理的岗位和作业点，实施全过程的检查，发现问题及时纠正解决。

4.3　保洁主管巡查：每天保洁主管对管辖内的区域、岗位进行巡查，应结合巡查所发现的问题和抽查纠正后的效果，把检查结果记录在《巡视检查记录表》，并将未能解决的问题上报后勤部部长。

4.4　后勤部长抽查：后勤部部长对管辖区内各岗位的作业人员有计划地抽查，每周不少于管辖内 25% 的区域、岗位、作业点；每月对辖内区域作全面检查，及时解决问题。

4.5　检查的内容。

4.5.1　清洁工的言行是否执行行为规范。

4.5.2　清洁工的仪容仪表是否符合有关规定。

4.5.3　清洁工的工作质量是否达到各项卫生标准。

4.5.4　清洁工的作业操作有无违反操作规程、安全条例。

4.5.5　清洁工的服务是否按服务规范进行服务。

4.5.6　辖内区域的公共设施设备状况。

4.6　检查的要求。

4.6.1　检查过程中发现的问题，不仅要及时纠正，还要给清洁工分析原因，对员工进行教育、培训，以防类似问题再发生。

4.6.2 将检查的记录作为对员工工作表现等考核依据，依据有关奖惩制度对员工进行奖惩和处理。

4.6.3 通过检查、测定不同岗位的工作量、物料损耗情况，考核员工在不同时间的作业情况，更合理地利用人力、物力，提高效率，控制成本。

4.6.4 在检查中对发现的问题进行分析，找出原因，提出改进措施，提高服务素质，提高工作质量。

4.7 各项清洁项目的检查标准。

4.7.1 大厅。

4.7.1.1 保持地板无脚印、无污渍、无烟蒂、无痰迹、无垃圾。

4.7.1.2 商业广场内的其他部位如柱面、墙面、台面、栏杆、椅子、沙发、灯座等保持光亮、整洁，无灰尘。

4.7.1.3 玻璃大门无手印及灰尘，保持干净、光亮、完好无损。

4.7.1.4 商业广场内不锈钢设施，保持光亮、无污迹；烟缸无烟灰迹、无痰迹。

4.7.2 公共区域（包括走道、茶水间、扶梯、电梯及电梯厅、室外场地）。

4.7.2.1 电梯轿箱及电梯间地面保持清洁、光亮、无污迹、无水迹、无脚印。

4.7.2.2 走道四角及踢脚板保持干净、无垃圾。

4.7.2.3 烟灰缸保持清洁、无污痕，烟蒂不得超过6个。

4.7.2.4 茶水间保持清洁、整齐、无污水。

4.7.2.5 楼面垃圾箱放置整齐，把垃圾袋套在垃圾箱上，四周无散积垃圾、无异味。

4.7.2.6 墙面及走道设施、门框、通风口、灯管，保持干净、无积灰。

4.7.2.7 安全扶梯台阶保持清洁、无污物、无垃圾；扶杆上保持光亮、无积灰。

4.7.2.8 保持电梯梯门光洁、明亮，轿厢及四壁地面干净、整洁。

4.7.2.9 室外场地的地面，做到无垃圾、无灰尘、无烟蒂、无纸屑，使人感到宽敞、舒畅。

4.7.2.10 明沟空洁、暗沟不塞、管道不堵、排放畅通、沙井内壁无附着物、井底无沉淀物。

4.7.3 卫生间。

4.7.3.1 卫生洁具做到清洁、无水迹、无头发、无异味。

4.7.3.2 墙面四角保持干燥、无蛛网，地面无脚印、无杂物。

4.7.3.3 镜子保持明净，无灰尘、无污痕、无手印、无水迹。

4.7.3.4　金属器具保持光亮、无浮灰、无水迹、无锈斑。

4.7.3.5　卫生用品保证齐全，无破损。

4.7.3.6　保持卫生间内空气清新。

4.7.4　办公室区、会议室。

4.7.4.1　保持室内的窗、窗台、窗框干净、整洁，无破损。

4.7.4.2　保持室内墙面、天花板整洁、完好，无污渍、无浮尘、无破损、无蛛网。

4.7.4.3　保持地面地毯整洁、完好，无垃圾、无污渍、无破洞。

4.7.4.4　保持室内各种家具光洁、无灰尘，放置整齐。

4.7.4.5　保持室内各种灯具整洁、完好、无破损。

4.7.4.6　保持室内空调出风口干净、整洁，无积灰、无霉斑。

4.7.4.7　室内各种艺术装饰挂件挂放端正、清洁无损。

4.7.4.8　定时喷洒空气清新剂，保持室内的空气清新。

4.7.5　地下车库。

4.7.5.1　保持地下车库道路畅通，无堆积垃圾及物品。

4.7.5.2　保持地面无灰尘、无垃圾。

4.7.5.3　保持地下车库空气流畅，无异味、无毒味，定期喷洒药水。

4.7.6　玻璃及不锈钢。

4.7.6.1　玻璃无灰尘、无水迹，保持干净、光亮。

4.7.6.2　玻璃上的污斑、手印应及时清除，保持清洁。

4.7.6.3　要防止玻璃因清洁不当而发毛。

4.7.6.4　爱护、清洁工具，注意保养，不使用破损的工具擦洗玻璃。

4.7.6.5　不锈钢无灰尘、无水迹、无污迹、无手印。

4.7.7　垃圾房。

4.7.7.1　无堆积垃圾。

4.7.7.2　垃圾做到日产日清。

4.7.7.3　所有垃圾集中堆放在堆放点。做到合理、卫生、四周无散积垃圾。

4.7.7.4　可作废品回收的垃圾，要另行放开。

4.7.7.5　垃圾间保持清洁，无异味，经常喷洒药水，防止发生虫害。

5　记录。

（无）

6　附件。

（无）

八　一般环境清洁操作程序

1　目的。

保证环境洁净。

2　适用范围。

××国际商业广场的公共环境清洁工作。

3　职责。

3.1　清洁工按各自岗位工作程序具体实施日常清洁工作。

3.2　保洁主管负责对清洁工作进行指导、巡查。

4　主要内容。

4.1　公共路面、走道、地面停车场及车道清洁。

4.1.1　每日清扫商业广场内外公共路面、走道、地面停车场及车道一遍，将垃圾收起放入垃圾桶或垃圾袋内，对于有沙土之处应用小扫把认真清扫，确保地面无明显沙土。

4.1.2　每天对地面保洁，及时清扫地面纸屑、果皮、烟头、积水等，使地面保持干净、无杂物、无积水。

4.1.3　每日清理沙井、雨水槽内杂物，确保其内无杂物。

4.1.4　每二日对停车场内挡车器、垃圾桶、汽车道闸等设施清洁一遍，将手巾放入兑有清洁剂的水中搓洗拧干，对汽车道闸等进行擦抹直至干净无污迹。

4.1.5　每周对路牙、台阶进行清洁，确保路牙、路基、台阶表面无污迹。

4.1.6　每月用水对公共路面、走道、地面停车场及车道进行冲洗，使地面无浮尘、无明显污迹（冲洗工作应安排在晚上或清晨8时前进行，冲洗后及时扫干净，保证无积水）。

4.2　地下车库清洁。

4.2.1　定期清除地下车库内的灰尘、纸屑等垃圾。

4.2.2　将墙面以及所有箱柜和器具上的灰尘掸掉擦净。

4.2.3　及时清除地下室进出口处的垃圾，以避免下水道堵塞。

4.2.4　经常查看车库内的卫生情况，不允许在地下车库堆放物品及垃圾。

4.2.5　经常用湿拖把拖去灰尘或用水冲洗，保持场地无浮尘、无杂物、无污迹、空气流畅，无异味、无毒味，定期喷洒药水。

4.3 垃圾的收集及清运处理。

4.3.1 每日晚下班前应清除设置于各区域（各楼层）的垃圾桶、垃圾箱、烟灰筒、茶叶筐等临时存放垃圾的容器垃圾，收集清运时，用垃圾袋装好，并选择适宜的通道和时间，有电梯的，只能使用货运电梯或消防梯，不可使用客梯。

4.3.2 在清除垃圾时，不能将垃圾散落在楼梯、楼面或路面上。

4.3.3 要注意安全，不能将垃圾或纸盒从上往下扔，或抛传、抛递。

4.3.4 倾倒垃圾后，用水或清洁工具将各临时盛装垃圾的容器清洗干净，将垃圾袋洗净套上。

4.3.5 要经常冲洗垃圾间，每月对垃圾间及周转站消杀二次。

4.3.6 垃圾清运要日产日清，并做到按规定时间清运。

4.3.7 垃圾清理过程要有清洁班长进行监督，必须做到彻底清理。

4.3.8 垃圾不能及时清运的，被委托单位要说明原因，并保证不再违规。

4.3.9 清洁班长认真及时地填写《垃圾清运服务质量记录表》。

4.3.10 在实行垃圾分类收集处理的物业，要进行垃圾的分类收集、存放和清除。

4.4 大中厅清洁。

4.4.1 商业区域清洁的原则是：以夜间操作为基础，白天进行日常保洁。

4.4.2 夜间定期对商业区域进行彻底清洗，抛光，定期上蜡。操作时，上蜡区域应有示意牌或围栏绳，以防旁人滑跤。

4.4.3 日常保洁要求每天对地面推尘数次，大堂内的其他部位和公共设施，如玻璃柱面、墙面、台面、椅子、栏杆、沙发、灯座等，要每日清洁，保持光亮、明净。

4.4.4 操作过程中，根据实际情况，适当避开客人和客人聚集的区域，待客人离散后，再予以补做；客人进出频繁和容易脏的区域要重点拖擦，并增加拖擦次数。

4.4.5 遇下雨（或下雪）天，要在大堂进出口处设置伞架（或伞袋），踏垫、铺上防湿地毯，并竖立"小心防滑"的告示牌和增加拖擦次数，以防客人滑跤及将雨水带进楼内。

4.5 办公室、会议室的清洁。

4.5.1 准备：进入办公室、会议室保洁前，一定要准备保洁所需的清洁工具和物料，有配置清洁车的，要将清洁车停放于门外靠边一侧，取用口向内，不能阻碍走道，碰伤行人。

4.5.2 进入：如果在客户上班前或下班后工作，最好每组 2~3 人，专人持钥匙开门，同时进入门不要关闭。室内若有人，应先打招呼，得到允许后再工作。

4.5.3 检查：进入办公室或会议室，先查看有无异常现象，有无客户遗忘的贵重物品，有无损坏的物品，如发现异常，应向主管报告后再工作。

4.5.4 清倒：清倒烟灰缸、纸篓、垃圾桶。倒烟灰缸时要注意检查烟头是否完全熄灭；清倒纸篓、垃圾桶时，应注意里边有无危险物品，并及时报告。

4.5.5 抹净：按一定顺序，依次抹净室内办公用具和墙壁。毛巾应按规定折叠、翻面。

4.5.6 整理：台面、桌面上的主要用品，如电话、台历、台灯、烟灰缸等抹净后应按客户原来的摆设放好，报纸、书籍可摆放整齐，但文件资料及贵重物品不要动。

4.5.7 吸尘：按照先里后外、先边角、桌下，后空旷地的顺序，进行吸尘作业。椅子等用具挪动后要复位摆好。发现局部脏污就及时处理。

4.5.8 关门：保洁完成后，保洁人员环视室内，确认质量合格，然后关门、锁门。

4.5.9 记录：认真记录每日工作情况，主要指保洁员姓名、保洁房间号码、进出时间、作业时客户状态（无人、工作、返回等）、工具设备有无损坏等。

4.5.10 注意事项。

4.5.10.1 对办公室的日常保洁，由于受时间制约，需要在规定时间内迅速完成工作。因此，必须制订周密的保洁计划，然后要求保洁人员按计划工作，动作利索快捷。

4.5.10.2 地拖、抹布等保洁工具可准备二份，以减少往返清洗的时间，提高短时间内突击作业的效率。

4.5.10.3 抹办公桌面时，桌面上的文件、物品等不得乱动。如发现手表、项链、钱包、手机等贵重物品，应立即向主管报告。

4.5.10.4 吸尘机噪声大，室内吸尘工作可安排在客户上班前或下班后进行。

4.6 水沟及污水管道的清疏。

4.6.1 每天要巡视一次，发现明沟或暗沟有堵塞现象，须及时清疏。

4.6.2 每半年对地下污水管道进行一次全面的清疏；平时如有堵塞，必须随时清疏。

4.6.3 在清疏地下污水管道时，先用拉钩打开沙井盖，捞起沙井内的悬浮杂物，把沉积在沙井底部的淤泥杂物清理干净，随即用竹片或用疏通机疏导，直到污水管道完全畅通为止，然后放回沙井盖，并冲洗脏污了的井盖和周围的地面。

4.7 洗手间的清洁。

4.7.1 清洁程序。

4.7.1.1 准备：工作前，应备好清洁洗手间的基本清洁工具和清洁材料。

4.7.1.2 冲洗：进入洗手间，首先放水将卫生洁具冲洗干净。

4.7.1.3 清倒：扫除地面垃圾，清倒纸篓、垃圾桶。

4.7.1.4 清洗：按照先云台、面盆，后尿池、便桶的顺序，逐项逐个刷洗卫生洁具。卫生洁具要用专用刷子、抹布、百洁布、海绵块等工具配合专用清洁剂刷洗。

4.7.1.5 抹净：用抹布抹净门窗、窗台、隔板、墙面、镜面、烘干机。

4.7.1.6 拖干：用地拖抹净地面，使地面保持干爽，不留水迹。

4.7.1.7 补充：及时补充手纸、洗手液（或香皂）、香球、垃圾袋等。

4.7.1.8 喷洒：按规定喷洒除臭剂、空气清新剂。

4.7.1.9 撤离：收拾所有清洁工具、清洁物料。撤去"正在清洁"的指示牌，把门窗关好。

4.7.2 注意事项。

4.7.2.1 清洗洗手间时，应在现场竖立"正在清洁"的指示牌，以便客户注意并予以配合。

4.7.2.2 清洗洗手间所用的器具应专用，使用后应定期消毒，并与其他清洁工具分开保管。

4.7.2.3 保洁人员应该自我保护，保洁时戴保护手套和口罩，预防细菌感染，防止清洁剂损害皮肤。

4.7.2.4 注意洗手间的通风，按规定开关通风扇或窗扇。

5 记录。

（无）

6 附件。

（无）

九 特殊环境清洁操作程序

1 目的。

保证特殊清洁工序的正确操作。

2 适用范围。

××国际商业广场内的特殊清洁工序。

3 主要内容。

3.1 电梯及电梯间的清洁。

3.1.1 每日夜间对电梯厅及电梯内的墙面和地面进行全面的擦拭清扫，如梯门、轿厢四壁、梯内镜面、天花板、照明灯、照明灯具以及对地毯防尘等。

3.1.2 白天不停地循环地对电梯厅的地坪进行保洁，保持电梯干净、整洁。

3.1.3 每日对电梯内外不锈钢进行清洁处理，定期使用不锈钢油，对不锈钢进行保养，保持清净、明亮。

3.1.4 经常清理烟灰缸内的垃圾和烟头。

3.1.5 每天早上换一次地毯，必要时可增加更换次数。

3.2 扶梯的清洁。

3.2.1 用拖把把扶梯擦干净，若拖把拖不到，要用抹布擦干净。

3.2.2 将扶手从上到下擦干净，栏杆或玻璃挡面，做到无灰尘、无手印。

3.2.3 扶梯四周的墙面及消防器材上的灰尘要及时掸净。

3.2.4 每个楼面的楼梯进出口处，要保持干净、整洁。

3.3 走道茶水间清洁。

3.3.1 夜间对公共区域的走廊、通道进行全面清扫，定期清洗打蜡。

3.3.2 白天定时清扫走廊，不停地循环依次拖地，保持地面干净。

3.3.3 用抹布擦灰，依次从左到右，由上到下。

3.3.4 做好茶水间卫生工作，及时清洗废水收集器，保证地面的干燥、清洁、无异味。

3.3.5 每日工作结束后，把楼面上垃圾集中后，带到指定地点，楼面不准有垃圾过夜。

3.4 不锈钢设施的清洁。

3.4.1 先用兑有清洁剂（对不锈钢无损坏）的清水抹不锈钢表面。

3.4.2 用干毛巾抹净不锈钢表面的水珠。

3.4.3 置少许不锈钢光亮剂原液于毛巾上，对不锈钢表面进行均匀、全面的拭抹。

3.4.4 清洁标准要求达到不锈钢表面无污迹、无灰尘、无手印。

3.4.5 清洁电梯厅门内外不锈钢表面时，应防止厅门开关造成的意外，上不锈钢油时应适量。

3.5 玻璃的清洁。

3.5.1 用玻璃刮刀铲除玻璃上的污迹。

3.5.2　将涂水器（或毛巾）放入兑有清洁剂的清水中，保留涂水器或毛巾中水分少许，对玻璃进行清洗涂擦，涂水均匀到边。

3.5.3　清洗涂水完毕后，用玻璃刮均匀刮除玻璃上的水分，并同时用毛巾抹干净玻璃刮刀上的水分。

3.5.4　当刮干净玻璃上的水分后，再用干毛巾将玻璃边角上的水抹干。

3.5.5　在刮镀膜玻璃时注意操作，防止刮刀刮花玻璃。

3.6　金箔和紫铜的清洁。

3.6.1　在小灰尘的情况下用上好的鸡毛掸子，轻轻掸几次即可。

3.6.2　在厚灰、油灰的情况下，用纯水喷洒，并视情况可不擦或用柔软的绒布巾根据需要轻擦，或轻重结合擦去厚灰、油灰。

3.6.3　在非要使用药水才能保洁的情况下，一定要使用中性药水，需无腐蚀、无酸碱等。

3.6.4　紫铜的清洁，使用中性药水为最佳，全能清洁剂稀释一定要到位，再用柔软的布巾擦净，最后使用铜亮剂。

3.7　地毯的清洗。

3.7.1　地毯干洗（粉末清洗法）。

3.7.1.1　准备机械器材，包括刷地机、刷盘、吸尘器、加压式喷雾器、长把刷、局部除污工具以及粉末清洁精、预先处理剂等。

3.7.1.2　清理作业区域的碍事物品，进行吸尘作业。

3.7.1.3　用地毯清洁剂清除地毯污迹，如有油污多的地方，要先喷洒预先处理剂，使油污溶解。

3.7.1.4　在准备作业区域内均匀布洒粉末清洁精。每平方米布洒量为100克左右（大约手捧一把）。为防止粉末干燥，一次布洒面积以10平方米为好。

3.7.1.5　在刷地机上装好刷盘，按机器使用要领进行操作，依次从里到外对地毯进行刷洗。

3.7.1.6　用机器刷完后，待粉末干燥后再回收（30分钟）。

3.7.1.7　用长把刷把进入纤维内的粉末刷出，再用吸尘器将粉末回收。

3.7.1.8　作业结束后，确认作业效果，收拾机器工具。

3.7.2　地毯湿洗（喷吸清洗法）。

3.7.2.1　准备机械器材，包括地毯清洗机（也可由带水箱刷地机、吸水机代替）、刷盘、吸尘器、加压式喷雾器、长把刷、局部除污工具、防污垫布以及地毯清洁剂、预先处理剂等。

3.7.2.2　清理作业区域内碍事物品，进行吸尘作业。

3.7.2.3　用地毯清洁剂清除地毯污迹，地毯上如有油污多的地方，要先喷洒预先处理剂，使油污溶解。

3.7.2.4 使用地毯清洗机自动喷水、擦洗、吸水、吸泡，从里到外清洁地毯，不要留下空当。

3.7.2.5 用起毛刷刷起并理顺地毯绒毛。

3.7.2.6 用吹风机风干，或自然晾干；自然晾干需 6 小时后方可走动，故此操作应放在夜间进行。

3.8 环境消杀。

3.8.1 外围的环境消杀工作由合格的分包单位具体负责落实，环境主管按计划监督进行。

3.8.2 无须外围的消杀工作，由各单位自行组织人员进行消杀。

3.8.3 使用适当的消杀药剂按规定比例配制水溶液。

3.8.4 用喷洒设备将配制好的溶液适度喷洒在消杀地点。

3.8.5 喷洒时注意做好防护措施，尽量在顺风处喷洒，同时减少与行人的直接接触。

3.8.6 根据需要可以增加喷洒次数，消杀情况记录于《环境消杀记录表》。

3.9 地面打蜡。

3.9.1 准备好抛光机、吸水器、去蜡水、面蜡、底蜡、刷地机、清洁剂等器具，并检查好器具的性能。

3.9.2 打蜡前将需要打蜡的区域里可移动的物品，轻轻地搬离该区域。

3.9.3 地面先吸尘，将去蜡水稀释后，用拖畚均匀地涂在地面上，用机器擦洗、吸干。

3.9.4 用百洁刷摩擦地面，要全部磨到，使原来大理石表面的蜡质全部溶解。

3.9.5 用吸水器吸干地面，再用清水洗二次，并吸干、拖干净，使地面光亮、清洁，无污迹。

3.9.6 待地面干后将底蜡用蜡拖均匀地涂在地面上，纵横各一次，等地面干后再打 1~2 次底蜡，打蜡时应做到均匀，防止起泡。

3.9.7 最后一次面蜡，并用抛光机抛光。

3.9.8 检查一遍工作质量，确认合格后将原搬离的物品轻轻搬回原处，收拾好工具，并清洗揩干，做好记录。

3.10 化粪池的清洁。

3.10.1 作业程序。

3.10.1.1 雇用吸粪车一部（含 5 米长胶管三条，4 米长竹竿二根）。

3.10.1.2 打开化粪池的盖板，再用长竹竿搅散化粪池内杂物块层。

3.10.1.3　把车开到工作现场，套好吸粪胶管放入化粪池内。

3.10.1.4　启动吸粪车的开关，吸出粪便直到化粪池内的化粪结块物吸完为止。

3.10.1.5　放回化粪池井盖，用清水冲净工作现场。

3.10.2　标准：每半年清理一次；眼看井内无积物浮于水面；污水不能溢出地面。

3.10.3　注意事项：吸粪作业时防止弄脏工作现场和过往行人。

3.11　空置房的清洁通风。

3.11.1　每月不少于二次对空置房进行清洁通风。

3.11.2　标准：地面没有明显可见垃圾，天（墙）面、窗（门）户没有明显灰尘、蜘蛛网和霉迹，保持屋内整洁。

3.11.3　清洁通风情况由环境主管记录于《空置房清洁通风记录表》。

4　记录。

《消杀服务质量检验表》、《空置房清洁通风记录表》由部门兼职资料员保存3年。

5　附件。

（无）

十　消杀服务质量检验表

单位：　　　　　　　　　　　　　　　　　　　　　　　　　年　月　日

检验项目 检验地点	灭　蚊	灭　蝇	灭　鼠	灭蟑螂	不合格处理结果
垃圾池					
垃圾中转站					
污、雨水井					
化粪池					
沙井					
绿地					
楼道					
自行车库					
天面雨篷					
食堂、宿舍					
停车场					
设备房					
商业消杀网点					

说明：1. 清洁班长每月对照《清洁工作检验标准》中消杀的检验标准进行检查并填写此表。

2. 合格打"√"，不合格记录其原因。

十一 清洁工作日检查表

班：   年 月 日

序号	检查项目	受检人	完成情况	检查人	检查时间	备注
1	地下停车场清洁					
2	地面停车场清洁					
3	商业广场公共玻璃清洁					
4	公共部分招牌、指示牌、警语清洁					
5	电梯清洁					
6	楼层清洁					
7	垃圾周转站的清洁（消杀）					

注：完成情况好用"√"表示，较好用"○"表示，差用"×"表示，并在备注栏写明原因。

检查人：_____   审核人：_____

十二　清洁工作记录周报表

商场名称：　　　　　　　　　　　　　　　　　　　　　　　　日期：

每日工作项目	星期日	星期一	星期二	星期三	星期四	星期五	星期六	备注事项
1. 收集及清理垃圾								
2. 清扫及拖抹大厅								
3. 打扫及拖抹各层楼梯及扶手								
4. 打扫及拖抹各层电梯大堂								
5. 清抹信箱及各层楼门								
6. 清抹电梯、轿厢门								
7. 打扫停车场及通道、绿化带								
8. 清扫道路（含人行道）								
9. 打扫天台及沟渠								
当班管理人员签署：								

注：请在做妥的项目对应的格内加上"√"。

班长签章：　　　　　　后勤部负责人签章：

十三　清洁工作量化扣分表

（可试行）

责任人（岗位）：

序号	检查项目	合格	扣分标准	实扣分数	不合格原因
1	某层地面		5分		
2	某层玻璃		5分		
3	不锈钢扶手		5分		
4	电梯间、门边		5分		
5	信报箱		5分		
6	公共走廊墙面		5分		
7	公共走廊地面		5分		
8	公共走廊天面		5分		
9	公共走廊窗户		5分		
10	公共走廊开关		5分		
11	公共走廊灯饰		5分		
12	楼道梯级清扫		5分		
13	楼道梯级拖抹		5分		
14	楼道扶手		5分		
15	消防箱		5分		
16	公共道路		5分		
17	停车场		5分		
18	广场地面		5分		
	合计				

检查人：＿＿＿＿＿＿＿＿＿

日期：　　年　月　日　　时

说明：①对照《清洁工作检验标准》，发现不合格时请在对应项目序号栏内简要记录，并在实扣分数栏内填写被扣分数，合格请在栏内打"√"。②由班长检查填写，每周六 18:00 前交后勤部存档，保存一年。③当月单项连续三次检查不合格的，主管有权提出处理意见报公司审批。④每次检查不合格时可根据扣分标准进行扣分，每人每月总分为 100 分，每扣一分则抵扣 1 元。⑤如当月得满分者则给予奖励 50 元。

十四　清洁工工作考核表

　　为促进清洁工作，保持商业广场的清洁卫生，特此制定以下标准，清洁班长每周五对清洁工作评分一次，以作为评定各清洁工作浮动工资的依据及各清洁工工作优劣的依据。

年　月　日		岗位责任内容（100分）	项目分数		纠正措施内容
			楼前	楼后	
地平面清洁部分	工作时间 早上： 6:00~11:00 中午： 12:00~14:00 下午： 14:00~17:00 晚上： 15:00~19:00	1. 地面（包括地下室地面）无杂物、垃圾，道路干净、无杂草	30分		
		2. 每日清洗垃圾桶，桶内无垃圾，周围目睹干净	20分		
		3. 每日清扫花地坛、草地二次，保持花坛内无杂物	20分		
		4. 每半月循环清洁一次，眼看招牌、宣传栏等无明显积尘	10分		
		5. 中午、晚上做保洁，目睹干净	20分		
评审意见			考核分数	岗位责任人签名 / 班长签名 / 主管签名 / 后勤部长签名	

第二部分　绿化管理

一　绿化养护标准

序号	检查项目	管理标准	操作指南	备　注
1	树（果树、乔木、装饰树）	树维护良好	1. 树木不缺少、死亡，被破坏 2. 树枝无干枯，无坏死分枝和干枯叶 3. 无腐烂或掉下果实 4. 树枝不触到建筑物表面或影响车辆、行人 5. 树茎不发芽，树匀称，不修剪变形 6. 树木修剪顺序：病虫枝、交叉枝、下垂枝、平行枝、重叠枝、徒长枝 7. 无病虫害	1. 发现枯死、缺少应及时更换 2. 隔周除草 3. 定期修剪和针对性及时修剪相结合 4. 特殊观赏树木因型而修剪
		树基维修良好	1. 树直径1米范围内除草，树茎无杂草 2. 茎的土不下陷，不压实 3. 剪下的枝、叶当天清除	树基座保持直径1米范围
		树无虫害	1. 叶无虫害 2. 干/枝上无烟灰、霉烂 3. 树枝、叶无干枯、腐烂	
2	灌木、树篱、地面覆盖物和绿化带	所有植物保养良好	1. 植物不缺少、死亡，被破坏 2. 植物枝叶不干枯、发黄 3. 植物修剪平整，造型匀称美观 4. 植物修剪及时不过分生长影响车辆和行人 5. 绿篱修剪应保持一定的高度80~120厘米	1. 隔周除草松动 2. 发现枯死，缺少及时更换 3. 定期进行预防虫害喷洒
		基座保养良好	1. 植物基座不过分生长，无废弃物 2. 植物基座土不下陷，不压实	灌木基座保持直径0.5米范围
		植物无虫害	1. 叶无虫害，无明显虫咬孔洞 2. 干和叶无烟灰，不霉烂	

续表

序号	检查项目	管理标准	操作指南	备　注
3	草皮	草皮保养良好	1. 修剪到3~5厘米高 2. 草及时修剪和修剪平整 3. 修剪的草当天清除 4. 草皮无坑洼、不平整和下陷 5. 草皮无裸露和践踏 6. 草皮上无废弃物、杂草 7. 平整场地应压紧压实 8. 无黄土裸露	1. 修剪后，用沙土填埋坑洼，保持草皮平整、不下陷 2. 发现裸露及时补铺或修整 3. 草皮修剪后应浇水，夏季上午10:00前或下午16:00后进行 4. 施肥应在雨天进行

二　绿化工作管理制度

1　目的。

规范绿化工作的管理，确保绿化物长势良好。

2　范围。

适用于××国际商业广场后勤部对绿化工作的管理。

3　职责。

3.1　绿化工担负辖区内日常养护及监管。

3.2　绿化主管负责对每周绿化养护情况巡视和指导。

3.3　后勤部长对各项绿化工作进行定期抽查和定量考核。

4　主要内容。

4.1　绿化管理范围。

广场区域内所有装饰树、果树、乔木、灌木、绿篱、绿化地、爬藤、地面覆盖物、攀缘物、草皮和其他植物的养护。

4.2　绿化工作管理规定。

4.2.1　后勤部建立绿化档案，对各区域内大型树木和贵重树木进行登记，并建立特护档案。具体树种由各绿化部门根据实际情况决定。

4.2.2　绿化工承担辖区绿化的日常巡视、养护、监管重任，绿化工应服从保洁部的工作安排，遵守所有绿化管理规则，爱护公共设施及生产物品，同时认真履行绿化养护服务。

4.2.3　工作人员应严守休息时间，因急事请假一天必须按有关制度进行，获准请假后方可离开岗位，在未经主管或班长的批准下，不得私自调换班次，上班时要整肃服装仪容，穿戴统一工作服工作帽，佩戴工作卡。

4.2.4　严格执行绿化养护工作的技术规范要求，按规定标准操作程序，保质保量完成所负责的绿化区域和后勤部安排的各项绿化工作，并由后勤部定期检查和定量考核。

4.2.5　进行绿化养护前，应小心谨慎，确保辖区公共设施及建筑物等的完好，若发现任何破坏环境行为或故意损坏行为应及时制止，对不听劝告者，立即向保安员和主管报告。

4.2.6　爱护绿化工具和设备，确保工具和设备保持良好使用状态。

4.3　绿化养护过程的安全规定。

4.3.1　在喷洒时要采取预防措施，不让烟雾飘进业户房屋，特别是喷洒药物时，应注意风向，选择合适的喷洒方向和控制喷洒范围，确保避免对业户或设施的损害，并将"危险"标志牌放在关键位置进行警言提醒。

4.3.2　在使用机器时应采取安全措施，避免业户或设施造成危险、损害、伤害，在使用水管喷淋时，应注意穿越道路、人行道时对行人和车辆造成的不便。

4.3.3　机器应安装钢制防护罩，防止碎片、飞出物造成损害；在机器使用前要进行安全检查，确保螺丝和螺帽固定在切削片上，避免切削片飞出；机器使用中，不得改变或改动机器的防护罩。

4.4　绿化管理检查规程。

4.4.1　绿化工按规定每日进行巡视、养护，并将巡视情况和养护内容进行记录，对疑问或事故情况向主管或相关人员报告。

4.4.2　保洁主管按规定要每周对所有绿化养护情况巡视一遍，及时处理绿化工或相关人员提交的有关问题，及时向后勤部长提交重大事故，每月对管辖区域内的绿化养护管理工作进行总结。

4.4.3　后勤部长按规定每月对辖区绿化养护情况巡查一遍，及时处理保洁主管提交的重大事宜，对保洁主管提交的月工作报告进行审查。

5　记录。

5.1　《绿化养护标准一览表》。

5.2　《管理处绿化档案登记表》。

5.3　以上档案由后勤部保存。

三　灾害性天气的预防措施

1　目的。

商业广场区域在灾害性气候条件下能采取适当的措施，减少对绿化植物的损害和影响。

2　适用范围。

适用于商业广场后勤部在灾害性气候条件下对植物的养护。

3　内容。

3.1　台风暴雨的预防措施。

3.1.1　对商业区内人行道树木、乔木立树桩固定，以增加树木的稳定程度。

3.1.2　对过于茂盛的树枝必须进行修剪，以降低树木对台风的阻挡能力，从而降低台风对树木的危害。

3.2　炎热夏季的预防措施。

3.2.1　如遇干旱、高温炎热天气时，应及时组织绿化工进行全面浇水，以免引起叶片灼烧或树木暂时性萎蔫，减少干旱、高温、炎热等对树木造成的危害。

3.2.2　对暂时萎蔫的花草树木，在傍晚时浇透水，促使花草树木在第二天恢复。

3.3　霜冻天气的预告措施。

3.3.1　遇霜冻天气时，应对树干、树盘进行培土。

3.3.2　有必要时，用稻草对树干进行包扎。

4　记录。

（无）

5　附件。

（无）

四　绿化工作日记录表

日期	地点	项目	执行人	工作结果	检查人	备注

五　绿化（地）养护月检查表

项目	内容	检查结果	备注
草皮	长势是否良好		
	有无超长		
	有无杂草		
	是否干旱缺水		
绿篱花球	长势是否良好		
	有无超长		
	是否干旱缺水		
乔灌木	长势是否良好		
	有无干枯枝叶		
	是否干旱缺水		
盆栽	长势是否良好		
	有无干枯枝叶		
	是否干旱缺水		
植保	有无虫害		
	有无病害		
其他			

检查日期：

被检部门

负责人确认：

检查人：

六 绿化药品的保管和使用一览表

药品	使用地点和方法	保管要求	注意事项
敌敌畏	用于防治、消灭树木、花草上的螟虫和蚜虫，使用时先稀释成 800~2000 倍液体，再用喷雾器喷洒	均属剧毒药品，应专人、专柜、分类标识保管，防止碰破玻璃瓶外溢	禁止在宿舍、食堂等场所使用，保管员要严格控制，不能随便取用
敌百虫			
钾胺磷			
氧化乐果			
呋喃丹	用于治蚜虫、介壳虫，可溶解后喷雾，也可埋于根底	有毒药品，防潮湿	
百菌清			
托布津		有毒药品，分类保管，防潮湿	
退菌特	用于防病治虫，使用时加水溶解，然后稀释喷雾		

第三部分　消杀管理

一　消杀规程

1　工作形式。

消杀工作采取承包形式。

2　消杀范围。

责任区红线范围内的室内、室外环境，包括商业区道路、绿地、天台、平台、连廊、楼梯、雨水井、防水井及管道等。

3　消杀时间。

每月消杀四次（其中喷雾二次），投放药二次。

4　检查。

清洁班长应严格按照《消杀合同》进行检查，检查合格后方可在《消杀服务质量检验表》上签字。

5　其他。

如因特殊原因需增加消杀或调整消杀时间，则由清洁班长与承包方联系，共同协商处理。

二　消杀评价标准

1　目的。

提出消杀效果的评价标准，便于实施监督和管理。

2　适用范围。

适用于××后勤部对消杀工作的评价。

3 内容。

3.1 灭鼠。

3.1.1 检查方法。

随时抽样、用粉迹法、目测法进行检查。

3.1.2 标准。

3.1.2.1 粉迹法：每个点（15平方米）撒20厘米×20厘米滑石粉板两块，抽查10个点，一夜后阳性率低于5%。

3.1.2.2 抽查上述房间，发现新近鼠洞、鼠粪、鼠咬痕的阳性各点区域数低于2%。

3.2 灭蚊。

3.2.1 检查方法。

用目测法进行检查。

3.2.2 标准。

3.2.2.1 抽查商厦区域内10处以上的积水或水坑、池、沟等处，可能滋生蚊虫的小型积水低于5%。

3.2.2.2 询问法调查10户，阳性有蚊区域数低于5%，阳性区域成蚊平均低于3只。商业区内不得检出白纹伊蚊。

3.3 灭蝇。

3.3.1 检查方法。

成蝇用目测法，幼蝇（蛹）用拨开基质检查法进行检查。

3.3.2 标准。

3.3.2.1 密闭室内、空调房内、办公室、厨房、餐厅均应无蝇，居民房、普通工作间的有蝇房间低于3%，阳性房间蝇数低于3只。

3.3.2.2 商业区内无散在暴露的蝇类滋生物，室内不得有蝇蛆滋生。垃圾桶、站有活蝇幼虫的检出率低于2%。

3.4 灭蟑螂。

3.4.1 检查方法。

蟑螂即成虫用药激法，孵鞘用目测法进行检查。

3.4.2 标准。

3.4.2.1 蟑螂成、幼虫，室内用0.3%二氯苯醚菊酯液喷射缝隙等蟑螂藏匿、栖息处，观察10分钟内蟑螂成、幼虫数，平均每个定点发现蟑螂数不超过3只。

3.4.2.2 查地下室、下水道、下水井口处，以每一处为一单位，蟑螂成、幼虫和孵鞘的侵害率低于2%。

4 记录。

（无）

5 附件。

（无）

三 消杀服务质量检验表

单位：　　　　　　　　　　　　　　　　　　　　　　　　　　　年 月 日

检验项目 检验地点	灭 蚊	灭 蝇	灭 鼠	灭蟑螂	不合格处理结果
垃圾池					
垃圾中转站					
污、雨水井					
化粪池					
沙井					
绿地					
楼道					
自行车库					
天面雨篷					
食堂、宿舍					
停车场					
设备房					
商业消杀网点					

说明：1. 清洁班长每月对照《清洁工作检验标准》中消杀的检验标准进行检查并填写此表。

2. 合格打"√"，不合格记录其原因。

四 消杀服务过程记录表

部门：　　　　　　　　　　　　　　　　　　　　　　　　　　年 月 日

项目　　　记录地点	灭蚊蝇		灭鼠			消杀人	监督人	备注
	喷药	投药	放药	装笼	堵洞			
垃圾池								
垃圾中转站								
污、雨水井								
化粪池								
沙井								
绿地								
楼道								
自行车库								
天面雨篷								
食堂、宿舍								
停车场								
设备房								
商业网点								
向商（住）户发药								

说明：1. 对当天已做的项目及地点用"√"表示，未做的项目用"×"表示。

　　　2. 清洁班长负责监督，填写此表，商业管理公司后勤部保存一年。

五 环境消杀记录表

班：   年　月　日

时间			消杀单位	（　　）消杀中心				备注
月份			消杀地点	合格	不合格	消杀人签名	监督人签名	
	号	点|点	草地					
			转换层					
			天台					
			污水井内					
			化粪池井内					
			其他					
	号	点|点	地下室部分					
			草地					
			转换层					
			天台					
			污水井内					
			化粪池井内					
			其他					

第四部分　后勤部装备、设备、工具

清洁、绿化、消杀类工具装备参照表

序　号	名称及规格	单　价
工器具类		
1	玻璃刮	
2	涂水器	
3	伸缩杆	
4	防风垃圾铲	
5	洗地刷	
6	地毯刷	
7	针盘	
8	云石铲刀	
9	玻璃铲刀	
10	榨水车	
11	推水刮	
12	地毯吸水插头	
13	尘推	
14	吸水海绵拖	
15	黑色起蜡垫	
16	红色清洗垫	
17	水桶	
18	水瓢	
19	垃圾铲	
20	长杆刷	
21	厕刷	
22	大扫把	

续表

序　号	名称及规格		单　价
	工器具类		
23	毛巾		
24	铁锹		
25	长铁钳		
26	毛刷		
27	油灰刀		
28	云石刀片		
29	玻璃刀片		
30	芦苇扫帚		
31	胶制扫帚		
32	拖布		
33	百洁片		
34	钢丝刷		
35	不锈钢丝球		
36	玻璃刮胶条		
37	尘推布套		
38	电源线		
39	6分水管		
40	橡胶手套		
41	橡胶水鞋		
42	雨衣		
43	垃圾桶大号		
	垃圾桶小号		
44	垃圾袋	特大号	
		大号	
		小号	
45	多功能擦地机		
46	吸尘吸水机		
47	吸尘器		
48	高压水枪		
49	空气呼吸器		
50	警示牌		
	保洁药水药剂类		
51	省铜水		
52	玻璃清洁剂		
53	不锈钢光亮剂		

续表

序　号	名称及规格	单　价
	保洁药水药剂类	
54	干泡地毯水	
55	地毯除渍剂	
56	起蜡水	
57	面蜡	
58	底蜡	
59	喷洁蜡	
60	蜡面清洁剂	
61	二合一晶面处理剂	
62	中性清洁剂	
63	碱性清洁剂	
64	绿水（全能清洁剂）	
65	洁厕剂	
66	洗衣粉	
67	洗洁精	
68	家私蜡	
69	润滑油	
70	擦光膏	
71	尘推油	
72	化油剂	
73	空气清新剂	
74	卫生球